AM SYSTEM ZERBROCHEN

Aumayer
edition innsalz

Monika Rathgeber
AM SYSTEM ZERBROCHEN

©edition innsalz
A-5282 Ranshofen, Ranshofner Straße 24a
Tel. +43/664/338 24 12
E-mail: office@edition.innsalz.at
Homepage: www.edition-innsalz.at

ISBN 978-3-902616-99-9
1. Auflage November 2013

Gestaltung: Aumayer Druck und Verlag
A-5222 Munderfing, Gewerbegebiet Nord 3
Telefon: +43/7744/20080, E-mail: office@aumayer.co.at

Druck: PrintGroup SP.z.o.o.
Titelfoto: fotolia
Foto der Autorin: privat

Monika Rathgeber

AM SYSTEM ZERBROCHEN

Der Salzburger Finanzskandal:
eine Frau zwischen Politik und
Verantwortung

Widmung

„Ich danke meiner Familie,
die immer zu mir gehalten hat und
mir geholfen hat zu überleben."

Warum habe ich das Buch geschrieben?

Während der schweren Tage nach dem 6. Dezember 2012 hat es mir besonders geholfen, wenn ich mich Freunden und Bekannten über all das, was mir widerfahren war, mitteilen konnte. Einige von ihnen haben mir geraten, alles, was ich in dieser kritischen Phase erlebt hatte, niederzuschreiben. Anfänglich hatte ich eigentlich nicht vor, meine Erlebnisse in einem Buch zu veröffentlichen. Vielmehr ging es mir darum, für mich selbst Klärung zu finden. Ich wollte die Vorgänge über die Verwendung der Sprache begreifbar machen – für mich selbst in erster Linie. Das Schreiben half mir bei der Aufarbeitung dessen, was ich erlebt habe. Es half mir auch über meine persönlichen Enttäuschungen hinweg.

Durch das Schreiben klären sich die Dinge. Das Medium der Sprache ermöglicht es, Dinge, die man im unmittelbaren Erleben noch nicht fassen kann, ins Bewusstsein zu bringen. Basierend auf meinen persönlichen Erfahrungen habe ich vor allem versucht, die Situation der Macht und der Ohnmacht, in der alle Beteiligten gefangen waren, zu beschreiben. Ich habe dabei versucht, die Eskalation der Ereignisse, die Emotionen, die Panik, die Hilflosigkeit und den monatelangen Höllentrip, der schließlich in den sogenannten „Salzburger Finanzskandal" gegipfelt ist, möglichst detailgenau zu erzählen.

Nachdem ich alles aufgeschrieben hatte, fand ich, dass auch andere Personen meine Geschichte lesen sollten. Was mir widerfahren ist, kann auch anderen passieren. Möge mein Buch Ihnen eine Hilfe sein.

Inhaltsverzeichnis

Die Pressekonferenz

Himmel, das war knapp! Jetzt wäre ich fast auch noch in den Gegenverkehr geraten. Man sieht fast nichts bei diesem Schneetreiben und die Straße ist so glatt und rutschig. Ausgerechnet heute, ausgerechnet jetzt, wo ich mich ohnehin nicht so gut auf den Verkehr konzentrieren kann! Ich bin aufgewühlt, angespannt. Die Ungewissheit ist einfach unerträglich. Sie lähmt mich. Ich habe Angst. Noch nie gespürte Angst. Ich kann mich nicht konzentrieren. Hoffentlich komme ich unversehrt nach Hause. Die Wegstrecke von meinem Büro bis zum Haus meiner Eltern ist eigentlich nicht so lange. Trotzdem kommt mir diese Fahrt endlos vor. In diesem Zustand Auto zu fahren ist höllisch gefährlich. Meine Gedanken kreisen immer um dieselben Fragen: Warum? Warum nur tun sie das? Was werden sie der Presse mitteilen? Wollen sie mir jetzt alles umhängen? Gott sei Dank habe ich Beweise in der Hand. Gibt es überhaupt etwas zu beweisen? Wieso habe ich das nicht verhindern können? Wen soll ich um Hilfe bitten

Fluchtartig hatte ich an diesem 6. Dezember 2012 zu Mittag das Büro verlassen. Der ganze Tag verlief etwas sonderbar. Irgendetwas stimmte nicht. Das konnte ich ganz deutlich spüren. Wie gewohnt war ich um 5:30 Uhr aufgestanden und hatte mich fertig gemacht. Ich war immer noch nicht ganz gesund. Ich war krank gewesen am Vortag, wollte aber nicht noch einen zweiten Tag zuhause bleiben. Gegen 6:30 Uhr machte ich mich auf den Weg. Es schneite. Während der Fahrt dachte ich immer wieder an die Medienanfrage, die unbeantwortet geblieben war. So etwas hatte es bisher noch nie gegeben. Nie hatte unser Ressortchef bisher Medienanfragen unkommentiert und unbeantwortet gelassen. Schon gar nicht, wenn es sich um so schwere Vorwürfe handelte. Ich hatte kein gutes Gefühl dabei. Immerhin drehten sich einige Fragen gezielt um meine Person.

Dachten SIE daran, mich zu opfern, um die Medien zufriedenzustellen? Das würde gut zu der bisherigen Strategie meines Ressortchefs passen. Sinn ergab es jedoch keinen. Es musste ihm und meinem unmittelbaren Vorgesetzten, Hofrat Dr. Paulus, doch klar sein, dass sich das Problem nicht beseitigen ließe, indem man sich meiner Person entledigte. Das wäre ziemlich kurzsichtig gedacht. Nach all dem, was ich in den vergangenen neun Monaten mit meinen Vorgesetzten und meinen Kollegen erlebt hatte, traute ich es ihnen aber zu. Sie hatten mir längst schon gezeigt, wozu sie fähig waren. Insofern musste ich mich auf das Schlimmste gefasst machen. Wenn es um ihre Position und den Erhalt ihrer Macht ging, nahmen sie auf nichts und niemanden Rücksicht. Wie es schien, waren ihnen dabei sogar die Landesfinanzen egal. Würden sie mich wirklich opfern? Konnte es sein, dass ich meine Vorgesetzten mit meinem Verhalten provoziert hatte? Hatte ich mich ihnen zu offen widersetzt. Ich hätte jedoch nie Weisungen befolgt, die dem Land finanziellen Schaden zugefügt hätten. Und ich würde sie auch in Zukunft nicht befolgen. Das habe ich immer ganz klar gemacht. Möglicherweise war das ein Fehler, aber ich konnte nicht anders. Ich hatte mich dazu verpflichtet gefühlt, so zu handeln, wie ich gehandelt habe. Und ich war sicher, dass sonst keiner meiner Kollegen den Mut dazu gehabt hätte. Niemand hätte etwas getan. Ich habe so gut wie keine Unterstützung von Seiten meiner Kollegen bekommen. Ich traf auf Unverständnis. Auf mangelnde Courage. Schließlich war es für das persönliche Fortkommen in diesem Job wesentlich förderlicher, Anweisungen ohne Widerrede zu befolgen, egal, was für finanzielle Auswirkungen sie hätten.

An diesem 6. Dezember war die Stimmung im Büro sonderbar. Meine Assistentin, Christine, war auf Urlaub. Zudem war es ungewöhnlich ruhig an diesem Tag, geradezu gespenstisch ruhig. Sonst gab es laufend Anfragen aus anderen Abteilungen, aus diversen Landesbetrieben oder auch von Seiten externer Mitarbeiter. Das Telefon läutete an anderen Tagen ununterbrochen. Heute schwieg es. Der einzig positive Aspekt war, dass ich so Harald Kutschera, unseren neuen Kollegen, der im Oktober von der Deutschen Bank zu uns in die Finanzabteilung des Landes gewechselt war, an diesem Tag nicht zu Gesicht bekam. Es war für mich eine persönliche Enttäuschung gewesen, dass ausgerechnet er – ein langjähriger Geschäftspartner – hier in seiner neuen Position keinerlei Skrupel zeigte, Verluste zu Lasten des Landes zu realisieren. Es machte mich wütend und traurig zugleich, zumal auch mein Mitarbeiter „brav" mitspielte und nie irgendwelche Einwände vorbrachte. Mir waren die Hände gebunden. Ich konnte nichts unternehmen, rein gar nichts. Ich konnte nicht einmal jemanden im Detail davon informieren, welch enormer Schaden dem Land hier zugefügt wurde. Dass sie an meinem Stuhl sägten, war zwar auch deprimierend für mich, tat mir aber weit weniger weh als die systematische Geldvernichtung, die mit voller Absicht und im Wissen um die Folgen betrieben wurde. Ich musste tatenlos zusehen, wie Vermögen des Landes einfach vernichtet wurde. Es schmerzte mich, denn schließlich machten ihre Maßnahmen auch all meine Anstrengungen der vergangenen Jahre zunichte. Oder schlimmer noch: Meine Arbeit wurde dadurch schlecht gemacht, sie wurde dadurch gänzlich entwertet. Die Folgen waren nicht absehbar. Was würde passieren, wenn am Ende Geld fehlte? Es dämmerte mir im Lauf der Zeit immer mehr, wen sie dafür büßen lassen wollten. Und ich war verdammt dazu, die Rolle des Beobachters einzunehmen. Immer wieder hatte ich Warnungen ausgesprochen. Sie verhallten ungehört.

Ich wollte diese ungewöhnliche Ruhe an dem besagten 6. Dezember gerade dazu nutzen, mehrere interne Erledigungsschreiben vorzubereiten, als ich von einem Anruf aus einer anderen Fachabteilung unterbrochen wurde. Der Kollege erkundigte sich nach einer Kreditübertragung, die sie mir ein paar Tage vorher im elektronischen Aktenprogramm hatten zukommen lassen. Ich versicherte ihnen, ihr Anliegen so schnell wie möglich zu bearbeiten. Mich ärgerte dabei, dass ich den Eingang bisher nie zu Gesicht bekommen hatte. Offenbar enthielten mir meine Kollegen den Posteingang meines Referates gezielt vor. Die Kompetenzen für Finanzmanagement mit Fremdmittelaufnahme hatte mir Hofrat Dr. Paulus bereits am 17. Juli desselben Jahres entzogen. Auch meine Mitarbeiter hatte er mit Ausnahme meiner Assistentin einem anderen Referat zugeteilt. Das kam einer Demontage gleich.

Mittlerweile war das Betriebsklima sehr belastend geworden. Die neu eingestellten Mitarbeiter schienen meinen Abgang kaum erwarten zu können. Sie fügten sich nahtlos ein in das Lotteriespiel meiner Vorgesetzten, die offenbar davon ausgingen, dass mehr Personal Kompetenz, Fachwissen und Menschlichkeit aufwiegen könnte. Das Konzept ging jedoch nicht auf. Der Weitblick fehlte. Den Führungskräften im Land hätte klar sein müssen, dass man engagierte Mitarbeiter nicht durch den Entzug von Kompetenzen, durch laufende Erniedrigung und die Aufteilung ihrer Verantwortung auf mehrere Personen nachhaltig motivieren kann. Auf dieses Niveau wollte ich mich nicht hinab begeben. Ich würde nie die finanziellen Interessen des Landes für persönliche Motive, welcher Art auch immer, gefährden.

Offenbar war die Vorenthaltung der normalen Eingangspost eine weitere Schikane meines Abteilungsleiters. Dass meine Kollegen bei dem Spiel mitmachten, enttäuschte mich. Unser Betriebsklima in den letzten Jahren war schließlich immer sehr gut gewesen, fast familiär. Ich hatte mich immer für sie eingesetzt, nie für mich selbst. Sie aber griffen nun ohne zu zögern jede Anweisung von Hofrat Dr. Paulus auf, um mich täglich aufs Neue zu schikanieren. Möglicherweise hatte man ihnen Beförderungen in Aussicht gestellt. Zumindest konnte ich mir das gut vorstellen.

Gegen zehn Uhr morgens verfasste ich eine E-Mail an Hofrat Dr. Paulus mit dem folgenden Inhalt:

Offenbar werden die Posteingänge für das Referat 8/02, die den laufenden Budgetvollzug betreffen, systematisch von mir ferngehalten. Als Referatsleiterin habe ich jedoch das Recht zu wissen, welche Posteingänge das Referat erhält. Davon nicht betroffen sind die Agenden des Finanzmanagements. Ich gehe davon aus, dass die Vorenthaltung der Eingangspost auf Deine Veranlassung hin geschieht. Ich bitte Dich, das rückgängig zu machen und sicherzustellen, dass ich die Post des Referats 8/02 in Zukunft auch wieder erhalte. Bitte um baldige Veranlassung.

In Kopie schickte ich die E-Mail auch an meine Mitarbeiter, die in die Sache offenbar eingeweiht waren. Auch nahm ich mir vor, die Nachricht spätestens am nächsten Tag an die Personalabteilung weiterzuleiten, für den Fall, dass ich keine Antwort von Hofrat Dr. Paulus erhalten sollte.

Dazu kam es nicht mehr, denn es kam alles ganz anders. Einem Erdbeben gleich blieb kein Stein auf dem anderen.

Kaum hatte ich das E-Mail aufgesetzt, klingelte das Telefon: „Hallo Monika, wie geht's dir? Weißt du, was genau in der Pressekonferenz besprochen wird, die von Landeshauptmann-Stellvertreter (kurz: LH-Stv.) Brenner anberaumt worden ist?" Etwas verwundert über die Frage antwortete ich der Anruferin: „Nein, ich weiß gar nichts von einer Pressekonferenz. Ich weiß aber natürlich nie über alle Pressekonferenzen Bescheid. Ich hab' sonst genug zu tun." „Das ist aber eigenartig, denn es geht um das Finanzmanagement des Landes Salzburg." Jetzt war ich allerdings baff, ich bekam üblicherweise bis dato Informationen über geplante Pressekonferenzen des Ressorts zu Finanzthemen. Selbst dann, wenn ich für diese Agenden nicht mehr unmittelbar zuständig war. „Möglicherweise geht es ja um die Änderung der Zuständigkeiten innerhalb der Finanzabteilung. Mir sind die Kompetenzen dazu ja bereits im Juli entzogen worden. Vielleicht informieren sie nun die Öffentlichkeit darüber." „Das kann ich mir nicht vorstellen, denn in der Vorinformation wird von einem Skandal und von der Manipulation von Protokollen gesprochen." Entsetzt erwiderte ich: „Mein Gott, das geht gegen mich!" „Wie meinst du das?" „Das geht gegen mich! Das kann nur gegen mich gehen! Ich werde versuchen, Hofrat Dr. Paulus zu erreichen, dann weiß ich Bescheid. Vielen Dank für deinen Anruf."

Ich ließ den Hörer fallen. Das konnte doch nicht wahr sein.

Jetzt erst bemerkte ich, was mir vorher schon hätte auffallen müssen: Mein Kollege Christian war seit einiger Zeit nicht mehr im Büro und er hatte mir auch nicht gesagt, wohin er gegangen war. Eigenartig. Ich ging von meinem Büro im zweiten Stock hinunter in den ersten Stock, in das Büro des Abteilungsleiters, Hofrat Dr. Paulus, und fragte in seinem Vorzimmer, ob ich ihn sprechen könne. Die Vertretung der Abteilungssekretärin teilte mir mit, dass er nicht anwesend sei. Ich fragte noch einmal nach, wo ich ihn erreichen könne, bzw. wann er zurückkäme und erfuhr, dass er schon seit zwei Stunden bei LH-Stv. Brenner sei und erst wieder am späten Nachmittag zurück im Büro erwartet werde. Ich ging zurück in mein Büro. Plötzlich merkte ich, dass ich zu zittern begann. Nicht nur meine Hände zitterten, auch meine Knie wurden weich. Ich fiel in meinen Bürosessel und konnte mich kaum mehr bewegen. Angst überkam mich. Große Angst.

Wie konnte ich bloß in Erfahrung bringen, was da gespielt wurde und was meine Vorgesetzten gegen mich planten? Was würden sie der Presse mitteilen? Hatten sie mich nicht schon genug erniedrigt? Reichte ihnen meine persönliche Demontage nicht? Hätte ich das Angebot von LH-Stv. Brenner vor zehn Tagen, weiter mit ihm zusammenzuarbeiten, doch annehmen sollen. Doch wie hätte ich das tun sollen, nachdem er mir alle Kompetenzen für diese Aufgaben entzogen hatte? Wie sollte ich mit Menschen zusammenarbeiten, die das zum einen nicht verstanden und denen zum anderen die möglichen Folgen auch nicht bewusst waren? Nahmen sie die finanziellen Folgen vielleicht sogar in Kauf? Aber wie hätte ich ihnen denn ganz ohne Kompetenzen in Zukunft weiterhelfen sollen? Womöglich als Sündenbock? Hatten Sie erwartet, dass ich ihrer Vorgangsweise zustimmen würde, um ihre eigene Inkompetenz zu kaschieren? Im Wissen um die Folgen für das Land?

Ich rief meinen Kollegen Christian am Handy an, schließlich hatten wir über Jahre hinweg ein sehr gutes Verhältnis gehabt. Ich erreichte ihn tatsächlich und wollte in diesem Gespräch herausfinden, ob er mich in irgendeiner Art warnen oder informieren würde. Ich sprach über Belanglosigkeiten, so unterrichtete ich ihn darüber, dass es mir gesundheitlich noch immer nicht sehr gut ginge und ich daher früher als üblich nach Hause fahren würde. Er nahm das zur Kenntnis. Unserem bisher sehr kollegialen Zusammenarbeit zum Trotz blieb dieses Gespräch nichtssagend und distanziert, aus welchen Gründen auch immer erwähnte er die Pressekonferenz mit keinem Wort.

Christian arbeitete stets eng mit dem Abteilungsleiter zusammen, vielleicht saß er sogar neben ihm. Das war nicht nur gut möglich, sondern sogar sehr wahrscheinlich.

Wer konnte noch Bescheid wissen? Ich versuchte ruhig zu bleiben und meine Gedanken zu ordnen. Als nächstes rief ich den Leiter der Landesbuchhaltung an und fragte ihn ganz direkt, ob er wüsste, ob ich etwas zu befürchten hätte. Er bestätigte mir, dass meine Vermutungen nicht ganz aus der Luft gegriffen seien. Was genau geplant sei, wisse er allerdings selbst nicht. Es sei mehr so ein Gefühl, das er habe. Der Abteilungsleiter hätte am Telefon eine Andeutung in die Richtung gemacht und ihn mit Aufträgen geradezu überschüttet, und zwar mit Aufträgen, die zum Teil in meine Kompetenz fielen. „Du weißt also auch nichts Konkretes?" „Nein, aber sag, was ist denn eigentlich los?" Ich erzählte ihm von meiner Vermutung, dass gerade eine Pressekonferenz gegen mich im Laufen sei, da heute auch der Endbericht des Rechnungshofes zum Finanzmanagement des Landes Salzburg erschienen sei. Ich bat ihn, mich anzurufen, im Falle, dass er etwas herausfände. Er versprach mir das.

Meine Stimme bebte. Ich griff nach meiner Handtasche und kramte nach einem USB-Stick. Welche Dateien sollte ich sicherheitshalber noch abspeichern? Einige Dateien hatte ich schon früher einmal abgespeichert.

Es gelang mir erst beim vierten Versuch, den Stick in den Computer zu stecken, so stark zitterten meine Hände.

Welche Daten würde ich noch brauchen? So viel Speicherplatz hatte der Stick nun auch wieder nicht. Ich begann, einzelne E-Mails zu speichern, vor allem jene, die ich im September an Hofrat Dr. Paulus und an LH-Stv. Brenner geschrieben hatte. Ich konnte mich kaum mehr konzentrieren. Ich konnte die einfachsten Tätigkeiten nur noch mit Mühe, wenn überhaupt, ausführen. Es war entsetzlich. Dabei wusste ich ja gar nicht, ob und zu welcher Causa in der Pressekonferenz über mich gesprochen wurde. Auch die möglichen Konsequenzen waren mir gänzlich unklar. Hatte ich meine Vorgesetzten zu sehr provoziert? Hatte ich sie mit meinen Prognosen und mit meinen Hinweisen auf ihre Misswirtschaft so sehr in Panik versetzt? Die Ungewissheit war unerträglich. Tief durchatmen und ruhig bleiben. Für kurze Momente gelang mir das. Ich speicherte einige E-Mails und den Rechnungshofbericht, über den ich mit meinem Kollegen gerade gesprochen hatte. Wirklich lesen konnte ich ihn nicht mehr. Dazu reichte meine Kraft nicht mehr aus. Niemand war da, der mir helfen konnte.

Ich wollte nicht in meinem Büro sein, wenn in aller Öffentlichkeit gerade etwas gegen mich unternommen wurde und die Telefone in absehbarer Zeit zu läuten beginnen würden.

Ich musste unbedingt weg. Raus aus dem Büro! Ich zog den USB-Stick ab, schaltete den Computer aus, griff nach meiner Handtasche und versuchte aufzustehen, um meine Jacke aus der Garderobe zu holen. Meine Knie versagten mir jedoch den Dienst. Ich war nicht in der Lage zu gehen und fiel wieder in meinen Bürosessel zurück. Ich konnte mich nicht mehr bewegen und fing an zu weinen. Wie sollte ich jetzt vom Büro wegkommen? „Du musst Dich zusammenreißen, ruhig atmen und zusammenreißen", sagte ich leise vor mich hin. Und auf einmal – mir kam es wie eine kleine Ewigkeit vor, obwohl es sich wahrscheinlich nur um ein paar Sekunden gehandelt hatte – kam ein wenig Kraft zurück. Ich stand auf, ging zur Garderobe, nahm meine Jacke und verließ das Büro. Ich lief die Treppen hinunter, hinaus zu meinem Auto. Es war voller Schnee. Gott sei Dank ließ sich der Neuschnee leicht entfernen. Ich setzte mich in das Auto und fuhr los. Hoffentlich schaffe ich es nach Hause zu meinen Eltern. Hoffentlich passiert mir nichts.

Während der Fahrt, die einem Höllentrip ähnelte, vermied ich es, das Radio einzuschalten. Normalerweise höre ich immer laut Musik, wenn ich Auto fahre. Vom Handy aus rief ich meine Eltern an, um sie zu warnen. Ich erreichte meinen Vater. Sie seien unterwegs, kämen aber am späten Nachmittag nach Hause, teilte er mir mit. Dann rief ich meinen Bruder an. Auch er war nicht zuhause, wohl aber meine Schwägerin Helga mit Leon, meinem kleinen Neffen. Ich fragte sie, ob ich zu ihr kommen könne. Ich wollte um keinen Preis alleine sein. Der nächste private Anruf galt meiner Assistentin. Ich wollte ihr Bescheid geben und sie auf den Ernstfall vorbereiten.

Endlich, nach einer kleinen Ewigkeit, hatte ich es geschafft. Ich war daheim. Ich konnte es selbst kaum glauben. Ich hatte es geschafft, lebendig und unversehrt nach Hause zu kommen. Völlig erschöpft ging ich vom Auto ins Haus. Ich schaffte es nicht einmal, meinen Hund zu begrüßen. Dazu fehlte mir die Kraft. Alles was ich wollte, war, mich niederzulegen. Ich wollte schlafen, nur noch schlafen. Entkräftet ließ ich mich auf das Sofa fallen. Mein Handy läutete. Es war meine Schwägerin Helga. Sie erkundigte sich danach, wo ich sei. „Bei meinen Eltern daheim", sagte ich. Sie bat mich – da mein Neffe gerade schlief –, zu ihr zu kommen. Sie bestand darauf, aus Sorge um mich. Also raffte ich mich auf und zog mich an. Draußen stürmte es noch immer. Zu Fuß ging ich den halben Kilometer zum Haus meines Bruders. Autofahren wollte ich nicht mehr. Immer wieder begann ich zu weinen. „Monika, da bist du ja endlich", begrüßte sie mich. „Um Gottes Willen, du bist ja kreidebleich!" „Ich bin so froh, dass ich zu dir kommen darf, Helga", sagte ich, „hast du schon Radio gehört?" Meine Schwägerin bestätigte mir, dass von einem Finanzskandal die Rede sei, bezweifelte aber, dass es dabei um mich ginge. „Ich fürchte schon", sagte ich, „ich bin sogar fast sicher, dass man versuchen wird, mich für die Verluste verantwortlich zu machen." Helga war fassungslos. Sie hielt das für gänzlich unmöglich. „Alle wissen, dass du immer nur für das Land gearbeitet hast. Ich bin sicher, dass du dich täuschst!", sagte sie. „Ich mache mir Sorgen Helga, dass die Beweise, die ich gesichert habe, nicht ausreichend sein könnten." Meine Schwägerin versuchte, mich zu beruhigen: „Du warst doch im Büro heute. Da hätten sie dir doch etwas gesagt." Helga schaltete das Radio ein, um Nachrichten zu hören. Es war kurz nach 14 Uhr. „Nein! Bitte kein Radio." Das ertrug ich nicht. Auf ihren Einwand hin, dass ich auf diese Weise ja auch erfahren könne, dass sich meine Sorgen als grundlos erweisen könnten, versprach ich ihr, einen Freund anzurufen, von dem ich annahm, dass er bereits informiert war: „Hallo, Daniel! Ich hab' eine große Bitte an dich. Ich glaube, dass meine Vorgesetzten gerade eine Pressekonferenz gegen mich abhalten. Ich schaffe es einfach nicht Radio zu hören. Hast du schon Nachrichten gehört?"

„Monika, das hört sich alles nicht besonders gut an. Vielleicht kannst du dir den Pressetext der Konferenz im Internet durchlesen. Das schaut wirklich nicht gut aus." Ich hörte eine tiefe Besorgnis in seiner Stimme.

Ich verabschiedete mich von Helga und sagte ihr, dass ich die Konferenz im Internet nachlesen wolle. Sie backte gerade Kekse und das ganze Haus duftete nach Vanille. Ich hatte das bisher nicht einmal wahrgenommen. Die vorweihnachtliche Stimmung im Innviertel, die familiäre Geborgenheit, die Natur und die Entfernung zu Salzburg ließ mich alles ein wenig besser ertragen. Egal was kommen würde, hier konnte ich es aushalten. Im Haus meiner Eltern angekommen, schaltete ich den Computer ein. Ich fand schnell, wonach ich suchte. Es traf mich trotz aller böser Vorahnungen wie ein Keulenschlag:

„Kriminalfall: Finanzmanagerin des Landes soll Unterschriften und Protokolle gefälscht haben, um Risikogeschäfte zu vertuschen" [1]

Brenner veranlasst Entlassung sowie Anzeige bei der Staatsanwaltschaft und will Reform sämtlicher Kontrollen

Salzburger Landeskorrespondenz, 6. Dezember 2012
(LK) Die im Land Salzburg für Finanz- und Budgetangelegenheiten zuständige Referatsleiterin hat vermutlich ab 2001 eigenmächtig risikoreiche Finanzgeschäfte im Namen des Landes betrieben. Aus diesen Geschäften entstanden in den Jahren 2006 und 2007 Buchverluste, die von der verdächtigen Finanzmanagerin in der

---

1 Die dazu einberufene Pressekonferenz ist auch im Internet abrufbar unter: http://www.salzburg.com/nachrichten/salzburg/politik/sn/artikel/finanzskandal-in-salzburg-340-mill-verlust-durch-spekulationen-38965/.

Buchhaltung versteckt wurden. Dafür hat sie mutmaßlich auch
Protokolle und Unterschriften gefälscht.
Weder ihre Vorgesetzten, der Finanzbeirat des Landes noch der
Landesrechnungshof und der Rechnungshof des Bundes haben diese
Geschäfte bei ihren Prüfungen gefunden. Um nicht entdeckt zu
werden, hat die Mitarbeiterin überdies die jeweiligen Finanzlan-
desräte über den Zustand des Finanzmanagements getäuscht. Auf-
geflogen ist die Mitarbeiterin, weil Finanzreferent Landeshaupt-
mann-Stellvertreter Mag. David Brenner seit Sommer konkreten
Hinweisen nachgegangen ist. Das hat die Finanzmanagerin am
26. November 2012 zu einem Geständnis gedrängt: Nach ihren
eigenen Angaben ist ein rechnerisches Minus von etwa 340 Mil-
lionen Euro entstanden, das jedoch nach Auskunft der Experten
nach heutigem Stand keine negative Auswirkung auf das Landes-
budget habe.
Landeshauptmann-Stellvertreter Brenner hat die Entlassung der
Mitarbeiterin veranlasst sowie den Landesrechnungshof einge-
schaltet. Auch der Rechnungshof wird informiert. Ebenso hat er
die Anzeige bei der Staatsanwaltschaft eingebracht. Weiters will
Brenner eine komplette Neustrukturierung des Finanzmanagements
und der Kontrollen. Der für kommenden Mittwoch, 12. Dezember,
geplante Budgetbeschluss im Landtag sei dadurch nicht gefährdet.
„Sie alle kennen mich als absoluter Verfechter von Transparenz
in der Politik, gerade wenn es um die Finanzen und damit um
die Gelder der Steuerzahler und Steuerzahlerinnen geht", eröff-
nete Finanzreferent Brenner heute, Mittwoch, 6. Dezember, ein
Informationsgespräch über einen mutmaßlichen Kriminalfall in
der Finanzabteilung des Landes Salzburg. Gemeinsam mit dem
Leiter der Finanzabteilung, Hofrat Dr. Eduard Paulus, und dem
Direktor des Landesrechnungshofs, Dr. Manfred Müller, infor-
mierte Brenner dabei über den aktuellen Erkenntnisstand.
„Ich habe heute nach einer Woche härtester Arbeit und Recherchen
die Aufgabe, sie darüber zu informieren, dass eine führende Mit-
arbeiterin der Finanzabteilung des Landes vermutlich seit mehr

als einem Jahrzehnt und damit über drei Legislaturperioden und unter drei Finanzlandesräten alle Kontrollinstanzen und Sicherheitssysteme des Landes und der Republik ausgehebelt hat. Sie hat dabei Finanzgeschäfte getätigt, zu denen sie nicht berechtigt war. Sie hat Geschäfte abgeschlossen, die sie innerhalb der Abteilung verschwiegen hat. Und nach unserem Wissensstand hat sie Protokolle des Finanzbeirats gefälscht, um den Rechnungshof und den Landtag zu täuschen. Damit nicht genug: In mehreren Fällen müssen wir davon ausgehen, dass sie Unterschriften gefälscht hat, um das Vier-Augen-Prinzip für Geschäftsabschlüsse zu umgehen", schilderte Brenner, der heute auch seine Regierungskollegen und die Klubchefs der Landtagsfraktionen in Kenntnis gesetzt hat.

Zur Vorgeschichte: Im Jahr 2001 wurde vom damaligen Finanzreferenten das Finanzmanagement für ein aktives Schuldenmanagement eingeführt. Die ab dieser Zeit für das Finanzmanagement zuständige Mitarbeiterin erhielt vom Finanzreferenten im Februar 2003 eine Vollmacht, mit der sie auch Derivatgeschäfte eingehen konnte. Um diese Transaktionen zeichnen zu können, benötigte sie immer die Unterschrift eines zweiten Mitarbeiters.

Vermutlich in den Jahren 2006 und 2007 entstanden aus den von der Finanzmanagerin abgeschlossenen Geschäften Buchverluste. Nach heutigem Stand könnte nach den Angaben der Finanzmanagerin aus den Geschäften bisher ein rechnerisches Minus von derzeit 340 Millionen Euro entstanden sein, das aber nach heutigem Wissen keine negative Auswirkung auf das Landesbudget hat. Um nicht entdeckt zu werden, hat die Finanzmanagerin laut ihren eigenen Aussagen die Buchverluste jahrelang in der sogenannten „Durchlaufenden Gebarung" des Landes verborgen und sowohl Politik als auch Rechnungshof mit falschen Berichten getäuscht.

Weil sie die Buchverluste aufholen wollte, ging die Finanzmanagerin zahlreiche Geschäfte ein, ohne darüber ihre Vorgesetzten, den eigens zur Genehmigung solcher Geschäfte eingerichteten Finanzbeirat oder den jeweils zuständigen Finanzreferenten zu informieren.

Dabei hat die Mitarbeiterin nach derzeitigem Kenntnisstand auch Veranlagungen für den 2002 zur Ersparnis von der Kapitalertragssteuer (KESt) gegründeten „Versorgungs- und Unterstützungsfonds" des Landes (VuF) vorgenommen, die nicht den Richtlinien entsprechen. Für diesen Fonds hat sie kurzfristige Kredite (sogenannte „Barvorlagen") aufgenommen. Mit den Darlehen hat die Finanzmanagerin dann Wertpapiere gekauft. „Nach den vorliegenden Informationen kann man allerdings davon ausgehen, dass dem Land bis heute dadurch kein wirtschaftlicher Schaden entstanden ist. Dennoch wird jetzt jedes dieser Geschäfte überprüft", so Brenner.

Aufgeflogen ist die Mitarbeiterin, weil Landeshauptmann-Stellvertreter Brenner ab Sommer konkreten Hinweisen nachgegangen ist: Am 17. Juli 2012 wurde Brenner darüber informiert, dass die Finanzmanagerin ein Geschäft abgeschlossen hat, das nicht den Richtlinien entsprochen hat. Noch am gleichen Tag hat Brenner die Weisung erteilt, ihr die Handlungsvollmacht zu entziehen und von der zuständigen Abteilung einen umfangreichen Bericht über das Finanzmanagement angefordert. Die Mitarbeiterin wurde daraufhin bis 17. September 2012 beurlaubt. Nach ihrer Rückkehr blieben ihr die Handlungsvollmachten für derartige Geschäfte weiterhin entzogen.

Als ein Ergebnis der von Brenner angeordneten Untersuchungen wurde er am 15. Oktober darüber informiert, dass Geschäfte bestehen, die gegen die Richtlinien des Finanzmanagements verstoßen. Brenner erteilte daraufhin die Weisung, diese Geschäfte sofort aufzulösen.

Darüber hinaus gab Finanzreferent Brenner im November den Auftrag, zu prüfen, ob ein völliger Ausstieg aus dem Finanzmanagement möglich ist und welche Kosten damit verbunden wären. Bei dieser Prüfung hat die Mitarbeiterin am 26. November 2012 gestanden, über viele Jahre Buchverluste versteckt zu haben. „Nach einer Woche intensiver Nachforschungen haben sich die Verdachtsmomente so weit erhärtet, dass ich heute ihre Entlassung in die

Wege geleitet und die Staatsanwaltschaft eingeschaltet habe", so
Brenner.
Als „besonders bestürzend" bezeichnet Landeshauptmann-Stell-
vertreter Brenner den Umstand, dass die Finanzmanagerin sogar
den Landesrechnungshof bei seinen jährlichen Prüfungen des Jah-
resabschlusses und den Rechnungshof des Bundes bei zwei Son-
derprüfungen von genau diesen Geschäften hinters Licht führen
konnte. Dr. Manfred Müller, Direktor des Landesrechnungshofs:
„Die Finanzmanagerin hat alle Kontrollen getäuscht. Dafür muss
sie viel Energie aufgewendet haben, sonst wäre das nicht möglich
gewesen. Dem Landtag waren ihr Fleiß und ihre fachliche Brillanz
seit Jahren bekannt."
Sogar der heute veröffentlichte Bericht des Rechnungshof des Bun-
des stellt der Finanzmanagerin ein gutes Zeugnis aus. „Seit gestern
müssen wir annehmen, dass sie das mithilfe von falschen Angaben
und Protokollfälschungen zuwege gebracht hat", so der zuständige
Leiter der Finanzabteilung des Landes, Hofrat Dr. Eduard Paulus.
„Das tatsächliche Ausmaß ist uns derzeit nicht bekannt. Wir arbei-
ten aber mit Hochdruck und in enger Abstimmung mit externen
Experten daran, alle Unterlagen auszuwerten.
Derzeit wird auch die Suspendierung jenes Mitarbeiters der
Finanzmanagerin geprüft, der Geschäfte gegengezeichnet hat",
so Paulus weiter.
Der Leiter der Finanzabteilung hat auf Anforderung von Brenner
gestern, 5. Dezember, einen Bericht vorgelegt, in dem das Fehl-
verhalten der Finanzmanagerin vorläufig analysiert wurde. Der
Mitarbeiterin sei laut Bericht folgendes Fehlverhalten vorzuwerfen:
1. Falschinformation der Vorgesetzten, der Rechnungshöfe und
   des Finanzbeirats sowie der Rechenstelle der Deutschen Bank
   in Frankfurt über den Abschluss von Derivatgeschäften;
2. Fälschung der Unterschrift eines Mitarbeiters auf mehreren
   Verträgen, damit Verletzung des Vier-Augen-Prinzips;
3. Klarer Verstoß gegen geltende Anweisungen;
4. Nichteinhaltung der Limits der vom Finanzressortchef geneh-

migten „Richtlinien für das Finanzmanagement des Landes Salzburg" vom 4. Juni 2007;

5. Eventuell Verstoß gegen die vom Finanzressortchef genehmigten „Besonderen Regeln für Veranlagungen" vom 10. Dezember 2010.

„Seit gestern Abend müssen wir davon ausgehen, dass sie in mehreren Fällen die Protokolle des Finanzbeirats des Landes gefälscht und dem Rechnungshof des Bundes bei seinen Prüfungen vorgelegt hat. Auch mir selber hat sie seit meinem Amtsantritt regelmäßig falsche Finanzberichte vorgelegt. Um die Sache ordentlich aufzuklären, habe ich ein externes Expertenteam damit beauftragt, alles zu durchleuchten und gestern den Landesrechnungshof miteinbezogen. Es wird jedes Blatt umgedreht", berichtete Brenner über den aktuellen Stand der Ermittlungen.

Brenner wird der Landesregierung am kommenden Montag einen Antrag vorlegen, nach dem ergänzend zur internen Kontrolle und zur Sonderprüfung des Rechnungshofs auch ein externes „forensisches Expertenteam" zur finanztechnischen Untersuchung beigezogen wird. Dieses Team soll sämtliche Vorgänge rund um das Finanzmanagement rückwirkend bis 2001 detailliert prüfen. „Erste Ergebnisse dieser Untersuchung möchte ich Ende Jänner am Tisch haben", kündigt Brenner an.

„Außerdem werden wir das gesamte Veranlagungsmanagement auf neue Beine stellen. Ich strebe an, dass das Land Salzburg aus allen risikoreichen Geschäften kontrolliert aussteigt und keine neuen Risiken eingegangen werden", erklärte Landeshauptmann-Stellvertreter Brenner seine weiteren Schritte. Ebenso will der Finanzreferent eine komplette Neuorganisation der internen Kontrollsysteme und eine Überprüfung des Vier-Augen-Prinzips für Verträge, „denn auch das hat offensichtlich nicht funktioniert".

„Sobald es neue Fakten gibt, werde ich die Öffentlichkeit umgehend informieren. Die Salzburgerinnen und Salzburger haben ein Recht darauf, alle Details zu erfahren, denn es geht schließlich um Steuergelder. Wir alle wurden anscheinend systematisch getäuscht

und hinters Licht geführt – die Vorgesetzten, die Kontrollinstanzen und genauso die Politik", so Brenner abschließend.
Es wird festgehalten, dass für die Mitarbeiterin die Unschulds-
vermutung gilt.
Die Sofortmaßnahmen von Landeshauptmann-Stellvertreter Bren-
ner im Überblick
Volle Einbindung des Landesrechnungshofs;
Information an den Rechnungshof des Bundes, damit auch er in
dieser Causa aktiv werden kann;
Anzeige an die Staatsanwaltschaft;
Beauftragung eines externen Experten-Teams, das bereits die
Untersuchungen aufgenommen hat;
Bestellung eines zusätzlichen "Forensic Teams" in Abstimmung mit
dem Landesrechnungshof;
Veranlassung, die betreffende Mitarbeiterin zu entlassen;
Einleitung eines Disziplinarverfahrens gegen den zweiten Mit-
arbeiter;
Sicherung sämtlicher Unterlagen für die Untersuchungen;
Information an Landeshauptfrau Mag. Gabi Burgstaller, Landes-
hauptmann-Stellvertreter Dr. Wilfried Haslauer, Personalreferent
Landesrat Sepp Eisl sowie an die Klubobleute Ing. Roland Meisl
(SPÖ), Mag. Gerlinde Rogatsch (ÖVP), Dr. Karl Schnell (FPÖ)
und Cyriak Schwaighofer (Grüne). "

Hinrichtung

Sie hatten mich hingerichtet! Und das in aller Öffentlichkeit. Ich war völlig fassungslos. Sie hatten mir tatsächlich jene Verluste untergeschoben, die sie selbst verursacht hatten. Es handelte sich ausgerechnet um die Verluste, vor denen ich sie noch gewarnt hatte. Das war doch absurd. Wie konnten sie das tun?

Und alle diese Unterstellungen. Sie taten so, als hätten sie nichts gewusst davon, als hätte ich völlig im Alleingang gearbeitet. Und zwar immer, insbesondere im Falle von Derivaten, Veranlagungen und Protokollen. Das war einfach nicht zu glauben. Sie stellten mich als Kriminelle hin. Sie diskreditierten mich in der Öffentlichkeit.

Und ich war entlassen? Das musste ich aus den Medien erfahren? Warum hatte keiner mit mir gesprochen? Es war wie in einem bösen Traum.

Ich las mir den Pressetext wieder und immer wieder durch. Er wurde für mich dadurch auch nicht fassbarer. Nie habe ich allein agiert und jetzt das! Es war irgendwie irreal – bizarr. Wie konnte mir das passieren? Meine Arbeitsweise hatte stets auf völliger Transparenz beruht. Offenbar wollten mich meine Vorgesetzten schon seit längerem loswerden. Das hätte mir klar sein müssen. Sie hatten nur nach einer geeigneten Gelegenheit gesucht und die schien nun gekommen zu sein an diesem 6. Dezember 2012.

Ich ging in mich. Immer habe ich in all den Jahren versucht, Leuten, internen wie externen, die mit ihren Bitten und Anfragen zu mir gekommen waren, zu helfen. Ich war stets freundlich und hilfsbereit und habe vor allem für meine Vorgesetzten getan, was ich konnte. Wie oft habe ich für meine Vorgesetzten Lösungsvorschläge für Projektfinanzierungen erarbeitet, Berichte geschrieben, ich habe immer getan was sie wollten. Zumindest bis zum Mai 2012. Ab dann lief alles irgendwie schief. Dennoch konnte und wollte ich nicht glauben, dass sie mich nun öffentlich hingerichtet hatten. Sicher war das Arbeitsklima für mich seit jenem Mai 2012 immer unerträglicher geworden. Das gezielte Mobbing. Die permanenten Schikanen. Doch ich hatte mir vorgenommen, mich nicht unterkriegen zu lassen. Auszuhalten. Ich hatte mir vorgenommen, die schlimmsten Auswirkungen für das Land, so gut ich konnte, abzuwenden. Zumeist war ich allerdings dazu verdammt gewesen, tatenlos zuzusehen, wie tagtäglich Kapital und Vermögen vernichtet worden war. Ich war ja kaltgestellt worden. Man hatte mir schon im Juli sämtliche Kompetenzen entzogen. Die Situation hatte mich außerordentlich belastet. Immerhin hatte ich bisher um jeden Euro für das Land gekämpft. Immer wieder hatte ich lautstark protestiert.

Was hätte ich anderes tun können?

Es war meine Verpflichtung gewesen meine Vorgesetzten über die absehbaren Konsequenzen für das Land und über den enormen Schaden, den sie verursachten, aufzuklären. Unzählige Male hatte ich gewarnt. Mein Verantwortungsbewusstsein und meine Loyalität hatten mich daran gehindert, mir eine andere Arbeit zu suchen. Ich war in der Zeit von Juli bis September lange der Meinung gewesen, sie wüssten noch immer nicht genau Bescheid über die Folgen ihres Handelns. Wie sonst hätten sie Entscheidungen treffen können, die das Land auf Jahre hinaus – und zwar konkret über mehr als 15 Jahre hinaus – mit massiven Verlusten konfrontieren würden, die bis in die Höhe von 30 Millionen Euro jährlich gingen? Aber womöglich hatte ich mich geirrt und es war ihnen sehr wohl bewusst, welche finanziellen Folgen ihre Weisungen nach sich ziehen würden. Das wollte und konnte ich mir nicht vorstellen. Warum hätten meine Vorgesetzten den Zinsaufwand von sich aus erhöhen wollen?

Vielleicht wurde es ihnen jetzt erst klar, welche Konsequenzen ihre Entscheidungen zur Folge hatten?

Und jetzt brauchten sie einen Sündenbock.

Schließlich war es in den letzten 22 Jahren meine primäre Aufgabe gewesen, Kosten des Landes Salzburg, so gut es ging, zu sparen und Zinsausgaben zu reduzieren. Wie hätte ich ihre Entscheidungen mittragen können? Das wäre für mich unmöglich gewesen. Ich hätte es als schwerwiegende Pflichtverletzung betrachtet, dem Land absichtlich und wider besseres Wissen zu schaden. Genau aus diesem Grund hatte ich die Weisungen ja auch nicht mehr befolgt.

Sie hätten zur Folge gehabt, dass der Zinsaufwand des Landes weiter gestiegen wäre. Täglich waren Zinszahlungen aus Krediten, Veranlagungen und Swaps sowie Kapitalfälligkeiten aus den Veranlagungen angefallen. Ich war ihnen wohl lästig geworden, hatte sie wohl auch provoziert damit, dass ich ihren Weisungen keine Folge mehr leistete. Es war ihnen wohl klar gewesen, dass ich nicht damit aufhören würde, ihnen die Verluste, die sie zu verantworten hatten, vorzuwerfen.

Das Vorgefallene überstieg meine Vorstellungskraft. Ich fühlte mich wie in einem bösen Traum und konnte keine klaren Gedanken mehr fassen. Nach und nach meldeten sich telefonisch einige Freunde bei mir, die sich nach meinem Befinden erkundigten und versuchten mir Trost zu spenden. „Du wusstest schon im Vorfeld, was sie mit dir vorhaben und das schon eine geraume Zeit lang. Wie hast du das nur ausgehalten? Monika, wie hast du das nur ausgehalten?"

Endlich kamen auch meine Eltern nach Hause. Sie nahmen mich in die Arme und wiederholten immerzu: „Monika, wir sind auf deiner Seite! Wir halten zu dir! Immer! Wir lassen nicht zu, dass sie dich zerstören. Du kannst dich auf uns verlassen. Du hast so viel Zeit und Kraft in das Land investiert und jetzt wirst du so behandelt. Das ist unglaublich!" Ich war unbeschreiblich froh über die Unterstützung durch meine Eltern. Alleine hätte ich das nie durchgestanden. Natürlich wollten meine Eltern Radio hören und fernsehen. Das ertrug ich nicht.

Ich rief meine Hündin und beschloss, mit ihr spazieren zu gehen. Leila lief aufgeregt um mich herum. Sie freute sich so sehr über den frischen Neuschnee. Plötzlich versagte mir die Kraft in den Beinen. Ich war unfähig mich zu bewegen, fiel auf die Knie in den Schnee und ich begann zu weinen. Ich hatte keine Kraft mehr.

Wie alles begann

Im Jahr 2001 übernahm Hofrat Dr. Paulus von Hofrat Dr. Schernthanner die Leitung der Finanzabteilung. Mein neuer Abteilungsleiter wechselte aus der Bildungsabteilung in die Finanzabteilung. Anders als sein Vorgänger war er kein ausgewiesener Finanzexperte. Mit seinem Auftreten änderten sich für alle Mitarbeiter die Arbeitsweise und das soziale Umfeld. Hofrat Dr. Paulus, ein ehemaliger Offizier, hatte einen ganz anderen Führungsstil als sein Vorgänger. Er war vielleicht weniger freundlich und zuvorkommend, ging dafür aber Differenzen nicht aus dem Weg und sprach immer offen aus, was er dachte. Ich war zu dieser Zeit schon ein Jahr lang Referatsleiterin. Seine Direktheit kam mir persönlich sehr entgegen. Sie entsprach meinem eigenen Charakter. Was ich nicht bedachte war das Faktum, dass Offenheit und Direktheit von Seiten eines Mitarbeiters, auch weniger geschätzt werden konnte. Was für den Abteilungsleiter gilt, muss noch lange nicht für die Mitarbeiter gelten. Erst nach und nach bemerkte ich, dass ich die einzige war, die sich getraute, Hofrat Dr. Paulus auch mit Kritik zu begegnen. Ich hab es jedoch immer als meine Aufgabe angesehen, auf finanzielle Auswirkungen und auf Beispielsfolgen diverser Entscheidungen dezidiert und mit Nachdruck hinzuweisen. Immerhin war ich die Referatsleiterin des Budgetreferats des Landes und es gehörte zu meinen Verpflichtungen, Entscheidungen zu hinterfragen und Änderungen zu initiieren.

Ich musste täglich über Änderungen und Reformen nachdenken, die langfristige Ausgabensenkungen nach sich ziehen sollten.

Für Budgetkonsolidierungen sind in erster Linie nur finanziell nachhaltige Maßnahmen wirksam. Ich habe nie etwas von kurzfristigen Maßnahmen gehalten, die zwar beispielsweise zu einer Senkung der Investitionsausgaben innerhalb eines Jahres führen, in der Folge aber Mehraufwendungen nach sich ziehen. Daraus habe ich auch nie ein Hehl gemacht. Auch dem immer wiederkehrenden Vorschlag, die Rücklagen von bestimmten Abteilungen aufzulösen – Rücklagen, die sie über Jahre hinweg mühsam angespart hatten um bestimmte Projekte finanzieren zu können, die im Regelbudget keine Deckung fanden – konnte ich nichts abgewinnen. Damit machte man meiner Meinung nach jegliche Bereitschaft der Abteilungen zunichte, sinnvolle Einsparungen zu überlegen. Die langfristigen negativen Folgen wären viel größer gewesen, als die einmalige Auflösung von Rücklagen. Ist das Vertrauen der anderen Abteilungen in die Finanzabteilung einmal zerstört, ist es schwer dieses Vertrauen wiederzugewinnen. Ich denke, jeder kann sich vorstellen, dass einmalige Einsparungen nicht schwer umsetzbar sind. Viel schwieriger ist jedoch die Umsetzung langfristiger Einsparungen, die auf Dauer wirken. Das Jahr 2001 war ein Wendepunkt. Ein Wendepunkt insofern, als langfristige strukturelle Einsparungen weiter forciert werden mussten. Schließlich war 2001 auch das Jahr, ab dem die Länder nach den sogenannten „Maastricht-Kriterien" Budgetüberschüsse erzielen mussten. Initiativen und Verbesserungsvorschläge für den Maastricht-Saldo waren daher gefragt wie nie. Die Vorgaben waren auf Dauer angelegt, sodass kurzfristige Maßnahmen, die nur in einem Jahr wirkten, keine Lösung für strukturelle Probleme waren. Ich konfrontierte meinen Vorgesetzten stets mit Ideen und Lösungsvorschlägen. Ich dachte lösungsorientiert. Es gab damals unzählige Problemstellungen im Budgetvollzug, bei denen die Verhandlungen in eine Sackgasse zu geraten schienen. Mir gelang es immer, meinen Vorgesetzten alternative Vorschläge anzubieten um die Verhandlungen wieder in Gang zu bringen. Ich tat alles für meine Vorgesetzten. Und ich machte meine Arbeit gerne. Neue Herausforderungen waren mir stets willkommen. Ich empfand sie nie als Belastung.

Mein berufliches Tun war geprägt von Leidenschaft, Innovation und Begeisterung, gepaart mit Beharrlichkeit. Stress gab es nur in positiver Form.

Von meinen Ideen konnte ich natürlich nur jene umsetzen, von denen ich auch meine Vorgesetzten überzeugen konnte. Sie hatten natürlich auch eigene Pläne. So initiierte Hofrat Dr. Paulus etwa als erste Maßnahme, dass ein vertrauter Gefolgsmann von ihm, Christian Mittermair, von der Bildungs- in die Finanzabteilung wechselte. Er wurde meinem Referat zugeteilt. Unser Ressortchef im Jahr 2001 war damals LH-Stv. Wolfgang Eisl. Er war darum bemüht, das Land schuldenfrei zu machen und nahm dafür auch harte Einsparungen in Kauf. Schulden seien unsozial und würden die nachfolgende Generation belasten. Man dürfe nicht über seine Verhältnisse leben. Das waren seine Leitsätze. Naturgemäß machte er sich mit seiner Politik nicht immer beliebt, auch nicht in seiner eigenen Partei. Einsparungen reduzieren doch immer auch den Spielraum für die Politik. Aus diesem Grund beauftragte er die Finanzabteilung damit, nach Einsparungsmöglichkeiten zu suchen, die sich zugleich auf die Wirtschaft und die Beschäftigung im Land nicht negativ auswirken würden. Und das Schulden-, das Zinsen- und das Liquiditätsmanagement boten Einsparungsmöglichkeiten, die bisher vom Land Salzburg noch nicht ausgereizt waren.

Da das Schuldenmanagement seit 1995 zu meinen Aufgaben zählte, hatte ich bereits in der Vergangenheit über Alternativen zur herkömmlich praktizierten Verwaltung nachgedacht. Bereits vor 2000 wurden im Schuldendienst zahlreiche Einsparungsmöglichkeiten genutzt. Hinzu kam als Neuerung, dass 2001 auch das Bundesfinanzierungsgesetz in der Form geändert wurde, sodass es den Ländern nun möglich war, Dar-

lehen unmittelbar im Wege der Österreichischen Bundesfinanzierungsagentur[2] aufzunehmen. Die Bundesfinanzierungsagentur kam auf das Land Salzburg zu, um uns ein diesbezügliches
Angebot zu machen. Wir prüften das intern über Wochen und
Monate, schon allein deshalb, weil es sich ja um etwas Neues
handelte, für das wir ein Konzept, eine Abwägung von Chan-
cen und Risiken, den Aufbau einer entsprechenden Organisa-
tionsstruktur, die Sicherstellung der konkreten Arbeitsabläufe,
die Sicherstellung der Kontrolle der angebotenen Preise und
die Garantie für die Beibehaltung der vollen Flexibilität des
Landes benötigten.

Ich ließ mich auf diese neue Aufgabenstellung ein, um
sicher zu gehen, dass dem Land Salzburg tatsächlich daraus ein
nachhaltiger Kostenvorteil entstand.

Bundesanleihen sind in der Regel immer fix verzinslich,
und sowohl ich als auch meine Ressortchefs waren der Über-
zeugung, dass *fixverzinsliche Anleihen* mit absoluten Zinssätzen zwischen 4% und 5,5% p.a. für das Land Salzburg nicht
akzeptabel seien. Hinzu kam damals noch, dass auf Grund der
Zinsstrukturkurve die fixen Zinsen 3% über den *variablen Zinsen* lagen. Für fixe Zinsen musste man also im Jahr rund 3%
mehr bezahlen als für variable Zinsen. Im Jahr 2001 und auch
in den Jahren davor hatte ich es mir zum Leitsatz gemacht, bei
der Verzinsung von Schulden darauf zu achten, dass diese auf
variabler Basis – also angelehnt an den *Euribor* – ausgestaltet
waren. Das gesamte Schuldenportfolio des Landes Salzburg
war variabel verzinst.

Variable Zinssätze haben mehrere Vorteile: Man zahlt
immer den aktuellen Zinssatz für seine Verbindlichkeiten und
ferner haben sich die variablen Zinssätze in den letzten Jahren
als wesentlich günstiger erwiesen als die fixen Zinsen. Dies

---

2 Mit Bundesgesetz eingerichtete GmbH, die im Namen und auf Rechnung des Bundes
handelt. Das Bundesfinanzierungsgesetz regelt die Verwaltung und Koordination der
Finanz- und sonstigen Bundesschulden.

zeigte ein Vergleich der Zinssätze über einen langen Zeitraum. Andererseits drücken die Zinssätze auch das wirtschaftliche Umfeld aus. In einem Szenario sehr hoher Zinsen ist das Wirtschaftswachstum entsprechend hoch und damit auch die Steuereinnahmen, während in wirtschaftlich schlechteren Zeiten weniger Steuereinnahmen lukriert werden können, aber auch die Zinssätze in der Regel wesentlich niedriger sind. Damit stellt das variable Zinsrisiko im Endeffekt das geringere Risiko für das Land dar, zumal die dann bezahlten Zinssätze immer aktuelle Zinssätze sind und überhöhte Zinsausgaben so vermieden werden können. Das war die Grundphilosophie des Landes. Gleichzeitig waren die variablen Zinsen auf Schulden ein natürlicher *Hedge (= Absicherung)* gegen die wirtschaftlichen Risiken, mit denen das Land grundsätzlich in seiner Aufgabenbesorgung und bei seinen Ausgaben und Einnahmen konfrontiert war.

Mit der Hereinnahme *fixverzinslicher* Darlehen der Österreichischen Bundesfinanzierungsagentur in das Schuldenportfolio, deren Konditionen die fixverzinslichen Bundesanleihen abbildeten, wurde das Finanzmanagement des Landes vor neue Herausforderungen gestellt. Die fixverzinslichen Darlehen erforderten gleichzeitig den Abschluss von *Zinsswaps*[3], um im Endeffekt wieder auf einen variablen Zinssatz zu kommen. Der Abschluss von *Financial-Swaps*[3] war für uns bis dahin ein völlig neues Instrument. Für die Kollegen in der Österreichischen Bundesfinanzierungsagentur waren Swaps auch damals schon Standardinstrumente, die für ein professionelles Zins- und Schuldenmanagement unverzichtbar waren.

Für uns in Salzburg war das der Beginn mit *derivativen Finanzinstrumenten*[4]. Mit Hilfe von *Derivaten* konnte man das

---

3 Im Anhang (Glossar) befindet sich ein Exkurs über die verschiedenen Arten von Swaps und über die Zinsstrukturkurve.

4 Derivate = abgeleitete Finanzgeschäfte. Erklärungen dazu im Detail im Anhang (Glossar).

Zinszahlungsprofil so ändern, wie es am idealsten in das Portfolio passte. Ohne ein Derivat (= Swap) waren die Konditionen der Österreichischen Bundesfinanzierungsagentur für das Land Salzburg zu teuer und unattraktiv. Nur in Kombination mit einem *Zins-* und gegebenenfalls zusätzlich mit einem *Währungsswap* konnte für uns eine attraktive Zinsgestaltung und eine effektive Zinsverbilligung erreicht werden. Auch regte der Rechnungshof in seinen Prüfungen zu dieser Zeit die Verschuldung in fremden Währungen an, um damit Zinskostenvorteile für die öffentliche Hand zu erzielen (so beispielsweise auch im Bericht des Rechnungshofes über die Landeshauptstadt Salzburg im Jahr 2004) [5].

Financial-Swaps
= Tausch bestimmter Zahlungsströme und/oder Kapitalbeträge auf der Basis eines Swapvertrages zwischen zwei Parteien. Man unterscheidet zwischen **Zinsswaps** und **Währungsswaps.** Solche Financial-Swaps bieten die Möglichkeit zur kostengünstigen und risikomindernden Finanzierung mit Fremdkapital. Das Grundprinzip eines Swaps besteht im Austausch von Zahlungsforderungen und Zahlungsverpflichtungen zwischen zwei Parteien mit dem Ziel, relative Vorteile, die eine Partei aufgrund ihrer Stellung am Markt realisieren kann, auszunutzen. Bei Währungsswaps kommt es zum Austausch von (Valuta-)Kapitalbeträgen. Bei Zinsswaps werden keine Kapitalbeträge geschuldet, es kommt nur zum Austausch von Zinszahlungen. Die Ausgestaltung von Financial Swaps kann individuell sehr unterschiedlich und vielfältig sein. Siehe dazu auch im Detail unter *Zinsswap* im Glossar.

---

5 Der Bericht des Rechnungshofes des Bundes ist im Internet abrufbar unter: http://www.rechnungshof.gv.at/fileadmin/downloads/2004/berichte/berichte_laender/salzburg/Salzburg_2004_06.pdf. Die genannten Passagen sind auf den Seiten 7 bis 9 des Berichtes zu finden.

Derivate

Hier handelt es sich um Geschäfte auf der Grundlage von bestimmten Basiswerten (Underlyings). Der Begriff Derivate (lat. v. derivare = ableiten) bezieht sich also auf Finanzinstrumente, deren Preis bzw. Kurs von einem ihnen zugrunde liegenden Marktgegenstand als Basiswert abgeleitet wird.

Dabei kann es sich um Festgeschäfte oder Optionsgeschäfte handeln. Ihr Preis hängt unmittelbar oder mittelbar ab von

(1) dem Börsen- oder Marktpreis von Wertpapieren,

(2) dem Börsen- oder Marktpreis von Geldmarktinstrumenten,

(3) Zinssätzen oder anderen Erträgen,

(4) dem Börsen- oder Marktpreis von Waren oder Edelmetallen,

(5) dem Preis von Devisen.

Auch Financial Swaps und die von ihnen abgeleiteten Geschäfte wie Caps, Floors und Collars lassen sich auf die Grundformen Festgeschäft und Option zurückführen.

Unter die derivativen Geschäfte fallen insbesondere Devisentermingeschäfte, Aktienindex-Futures, Aktienindex-Optionen, Aktienoptionen, Caps, Collars, Floors, Forward Rate Agreements (FRA), Swap-Geschäfte, Swaptions, Warentermingeschäfte, Zinsoptionen, Zinstermingeschäfte einschließlich hereingenommener Forward Deposits und die börsenmäßigen Zins- und Indexfutures.

Gehandelt werden Derivate sowohl an der Börse als auch außerbörslich an „Over-the-Counter-Märkten" (OTC-Märkten).

Unser Ressortchef, Wolfgang Eisl, hielt es für wichtig, dass wir jene Instrumente nutzten, die auch der Bund durch die Österreichische Bundesfinanzierungsagentur einsetzte und die wirtschaftlich eindeutig eine Zinseinsparung für das Land nach sich ziehen würden. Der Hintergrund war, dass man bei den Instrumenten der Österreichischen Bundesfinanzierungsagentur am wenigsten angreifbar war, sowohl politisch als auch durch den Rechnungshof oder durch sonstige externe Prüfer. Wenn einzelne Vorschläge der Österreichischen Bundesfinanzierungsagentur zu einer relativen Zinskostenerhöhung gegenüber den bestehenden Zinskonditionen des Landes führen würden, sollten wir diese nicht umsetzen. Oberstes Ziel war es, bei den Zinsausgaben zu sparen.

Konkret war es in der Praxis so, dass wir (= das Land Salzburg, vertreten durch die Finanzabteilung) im Frühjahr 2001 eine fix verzinsliche Bundesanleihe mit einem fixen Zinssatz von 5,45 % p.a. bis 2011 aufgenommen hatten. Das ist auf den ersten Blick betrachtet kein besonders guter Zinssatz, könnte man meinen. In Kombination mit einem Zins- und Währungstauschvertrag (= Cross Currency Interest Rate Swap) wurde im Jahr 2001 aus dem Fixzinssatz von 5,45% ein fixer Zinssatz von 0,2% in Yen, mit einem Nominale von 72,7 Mio. Euro bzw. 1 Mrd. ATS. Damit fing alles an.

Im Herbst 2001 nahmen wir in der Finanzabteilung auf ähnliche Weise noch eine weitere Umschuldung bei der Österreichischen Bundesfinanzierungsagentur vor. Wir selbst bildeten uns in der Zwischenzeit bei diversen Seminaren fort, um absolute Kenntnis zu erlangen von den Geschäften, die wir dabei waren abzuschließen – insbesondere im Hinblick auf das Chancen- und Risikoprofil, die Preisgestaltung, etc. Wir studierten im Detail – nämlich sowohl bei der Österreichischen Bundesfinanzierungsagentur als auch bei mehreren Banken, welche Systeme diese nutzten, welche Strukturen dazu erforderlich waren, wie man die Preise am besten verifizieren konnte. Ich war begierig darauf, alles zu lernen, um mir dann das entsprechende Wissen und das nötige Know-How selbst aneignen zu können. Mich auf Dritte verlassen zu müssen, war für mich keine Option. Zu meinen neuen Aufgaben gehörte es nun auch, Finanzmärkte bzw. diverse Einflüsse auf die Finanzmärkte abschätzen zu können. Vorrangig wichtig ist dabei natürlich das Abschätzen-Können der Entwicklung der Zinsen in den unterschiedlichen Ländern und Währungszonen. Der Zinshandel stellt den größten Anteil an den Finanzmärkten dar und wird überwiegend durch volkswirtschaftliche Rahmenbedingungen (Wirtschaftsentwicklung, Arbeitslosigkeit, Inflation, Staatsverschuldung, Wettbewerbsfähigkeit der Unternehmen, etc.) beeinflusst.

Von Anfang an arbeiteten wir intensiv an internen Richtlinien für das Finanzmanagement des Landes. Wir tauschten uns darüber mit anderen Bundesländern genauso aus wie mit der Österreichischen Bundesfinanzierungsagentur. Da wir uns beständig fortbildeten, nach und nach eigene Systeme zur Preisabfrage installierten und nun auch Preise vergleichen konnten, begannen wir damit, zusätzlich zu der Vereinbarung mit der Österreichischen Bundesfinanzierungsagentur auch noch mit Banken Geschäfte abzuschließen.

Bereits 2001 etwa mit der Deutschen Bank, ab 2003 schließlich mit mehreren in- und ausländischen Banken. Die Geschäfte mit der Österreichischen Bundesfinanzierungsagentur waren von längerer Laufzeit (zumeist länger als 5 Jahre) und in der Handhabung eher unflexibel. Aus Sicht des Landes waren wir eher daran interessiert, die Positionen kurzfristiger aufzusetzen, um sie auch kurzfristiger ändern zu können. Eine „buy and hold"-Strategie war für manche Geschäftstypen, wie wir sie umsetzen wollten, nicht immer geeignet, mitunter war es von Vorteil, wenn man sich den Marktänderungen auch flexibel anpassen und entsprechend handeln konnte, sodass Positionen auch kurzfristig geschlossen werden konnten und nicht bis zur ursprünglichen Endlaufzeit gehalten werden mussten. Märkte ändern sich und das manchmal sehr schnell.

Unsere Arbeit änderte sich damit sehr stark. Wir mussten bei neuen Entwicklungen, die die Märkte beeinflussen konnten schon im Vorfeld entscheiden, ob wir aktiv werden sollten und wir mussten einschätzen lernen, wie es um die weiteren Perspektiven kurz-, mittel- und langfristig bestellt war. Die Positionen hatten unterschiedliche Laufzeiten und entsprechend mussten auch die möglichen Marktänderungen, die die Produkte beeinflussen konnten, abgeschätzt werden. Manchmal war es notwendig, sehr schnell zu reagieren, in anderen Fällen war es besser, einfach nur abzuwarten. Entscheidend für unser Agieren waren dabei stets die wirtschaftlichen und finanziellen Perspektiven. Unser Arbeitsalltag hatte sich gänzlich verändert. Mit einem Mal wurde der schnelle Erhalt von Informationen und Prognosen über Zinsen, Währungen, Wirtschaftsentwicklung, etc. zu einem zentralen Element unseres Alltags.

Auch das Erhalten von Wirtschafts- und Finanzdaten über das Handy (Blackberry) sowie die mobile Abrufung von E-Mails bestimmten fortan unsere Arbeit. Manche Ereignisse erforderten ein sofortiges Reagieren, ein Zuwarten auf die nächste Woche oder auch nur auf den nächsten Tag kam nicht in Frage. Die Kurse für Zinsen und Währungen veränderten sich als Folge von neuen Daten, Ereignissen und Informationen sofort und permanent. Sie warteten nicht auf uns. Die täglichen Daten und Informationen und die Märkte bestimmten den Tagesablauf, sie waren die Grundlage für unser aktives Eingreifen. Wir waren Akteure, die die wirtschaftlichen Rahmenbedingungen und Prognosen nutzten, immer dachten wir dabei an die damit verbundenen Risiken.

Wir lernten, dass man selbst dann, wenn die Euro-Zone in Bedrängnis gerät, durch Diversifikation in andere Währungen und durch das Nutzen von Zinseinschätzungen in unterschiedlichen Laufzeitsegmenten im Euro selbst und in anderen Währungszonen finanzielle Vorteile für das Land erzielen kann. Und zwar auch dann, wenn die öffentlichen Haushalte in anderen Bereichen (insbesondere bei den Sozialausgaben) belastet sind. Dabei ist es essentiell, die Einschätzung künftiger Marktentwicklungen durch den Aufbau von entsprechenden Positionen möglichst früh zu beginnen. Nur auf diese Weise kann ein finanzieller Vorteil erzielt werden. Ausschlaggebend dafür waren für uns immer die voraussichtlichen Einsparungen bei den Zinsausgaben unter Beobachtung der jeweiligen Risiken. Das Land erhielt monatliche Bewertungen, gelegentlich auch tägliche. Sehr sensitive und *volatile* Produkte schaute ich mir selbst täglich an. Dazu setzte ich auch eigene Bewertungen und Simulationen auf.

Für die Durchführung von Finanzgeschäften bedurfte es klarer Vollmachten, dies war unabdingbar für die Art und Weise unseres Arbeitens. Sowohl für die Banken als auch für Externe war es absolut notwendig zu wissen, welche Art von Geschäften wir in der Verwaltung überhaupt abschließen durften. In den Vollmachten mussten die einzelnen Geschäftstypen genau beschrieben werden, damit keine Rechtsunsicherheiten aufkommen konnten. Was uns betraf, wurden in der Finanzabteilung drei Personen ermächtigt, Finanzgeschäfte mit Banken abzuschließen. Es handelte sich dabei um Hofrat Dr. Paulus, um mich in der Position als Referatsleiterin für Budgetangelegenheiten und meinen Mitarbeiter Christian Mittermair.

Die Vollmacht ermächtigte uns zum Abschluss von Veranlagungen, zur Aufnahme von Finanzschulden, zum Abschluss von Devisentermingeschäften, zum Kauf und Verkauf von Optionen und von Swaps, einschließlich Währungsswaps.[6]

Zusätzlich zu den neuen Finanzgeschäften professionalisierte ich auch die Liquiditätssteuerung: Ich führte ein *Cash-Pooling* über alle Landeskonten im Sinne eines *Konzerntreasuries* ein. Damit konnten weitere Zinseinsparungen erzielt werden, weil Überziehungszinsen durch das Cash-Pooling so gut wie vermieden werden konnten. Das Cash-Pooling umfasste dabei nicht nur das Land selbst, sondern sämtliche Betriebe, betriebsähnliche Einrichtungen, Fonds und Krankenhäuser.

Im Jahr 2003 wurde der Versorgungs- und Unterstützungsfonds als Verwaltungsfonds des Landes Salzburg (kurz: VUF) eingerichtet. Der Hintergrund dafür war, dass wir einerseits keine Reserven und kein Deckungskapital für Pensionszahlun-

---

6 Die Kopie einer solchen Vollmacht sowie die Bestätigung der Gültigkeit der Vollmacht durch Landeshauptmann-Stellvertreter Brenner sind ebenso wie das Organigramm für das Amt der Salzburger Landesregierung als Beilage zu diesem Kapitel abgebildet.

gen und Sozialleistungen hatten und andererseits gerade der Verkauf von Anteilen des Landes an der Salzburger Landes-Hypothekenbank AG abgewickelt wurde. Mit dem Erwerb von Wertpapieren, im Speziellen von strukturierten Wertpapieren, konnten wesentlich höhere Zinseinnahmen erzielt werden als dies bei Termineinlagen der Fall war. Diese Vorteile wollten wir zur Aufrechterhaltung des Pensions- und des Sozialsystems nutzen. Die finanziellen Vorteile waren leicht kalkulierbar. Anders als bei Derivaten war bei Wertpapiergeschäften das Kreditrisiko mitentscheidend. Unser Hauptaugenmerk galt daher der Auswahl seriöser Emittenten und der Struktur der Wertpapiere. Einen Großteil der Wertpapiere legten wir bei regionalen Banken an. Natürlich gibt es dafür kein allgemein gültiges und immer einwandfrei funktionierendes Rezept. Das hat es auch nie gegeben, da die Positionen des Landes sich ständig in Abhängigkeit von den Einschätzungen der Märkte und ihrer zukünftigen Entwicklung befinden und sich daher auch permanent ändern.

Im Frühjahr 2004, nach der Landtagswahl, kam es zu einem Ressortwechsel. Landeshauptmann-Stellvertreter Dr. Othmar Raus löste Landeshauptmann-Stellvertreter Wolfgang Eisl als für Finanzen zuständiges Mitglied der Landesregierung ab. In der Landespolitik übernahm erstmals die SPÖ die Funktion des Landeshauptmannes, respektive der Landeshauptfrau, in Person von Frau Mag.[a] Burgstaller. Im Bereich der Landesfinanzen und des Finanzmanagements wurde die bestehende und bereits bewährte Praxis jedoch fortgesetzt. Die Einsparungen und Mehreinnahmen hatten zu diesem Zeitpunkt bereits mehr als 170 Mio. Euro betragen. Ein Abgehen von dem bisherigen Management hätte demnach ein sofortiges Minus im Landeshaushalt von 15 bis 20 Mio. Euro jährlich bedeutet. Das Finanzmanagement wurde damals rechtlich abgesichert. Dies geschah nicht nur im Interesse des Finanzreferenten, sondern diente auch zu unserem eigenen Schutz. Bereits im Herbst

2004 wurde im Entwurf zum Landeshaushaltsgesetz 2005 vom Salzburger Landtag beschlossen, dass die Aufnahme von Barvorlagen ohne betragliche Beschränkung erlaubt sei. In einem zweiten Schritt wurde dann im Landeshaushaltsgesetz 2006[7], Artikel 4, ausdrücklich geregelt, dass der Abschluss von Derivaten für das Land und für den Landeswohnbaufonds, der mit 1.1.2006 gegründet worden war, erlaubt sei. Im Herbst 2006 wurde zum Landeshaushaltsgesetz 2007[8] ergänzend klargestellt, dass einmalige Zusatzerlöse zur Absicherung künftiger Verpflichtungen verwendet werden dürften. Diese Klarstellung diente der gesetzlichen Absicherung der Möglichkeit, Reserven in Form einer Versicherungspolizze zu schaffen, um damit mögliche künftige Verluste abdecken zu können. Erklärtes Ziel war es, etwaige Verluste nicht aus dem Landeshaushalt abdecken zu müssen, sondern nur aus den Reserven.

Nachdem die gesetzlichen Rahmenbedingungen dafür nun geschaffen worden waren, wurden desweiteren auch konkrete Erträge aus dem Finanzmanagement in den Landeshaushalt eingestellt. Mit der Einstellung der Erträge in den Landeshaushalt war auch klargestellt, dass seitens des Gesetzgebers ein Auftrag an die Verwaltung ergangen war, konkrete Erträge zu erzielen. Die budgetierten Einnahmen im Finanzmanagement beliefen sich dabei ab dem Landesvoranschlag 2005 zwischen 12 Mio. Euro bis 17 Mio. Euro jährlich[9]. Ab dem Jahr 2006 wurden neben den Erträgen aus Derivaten, die für das Land abgeschlossen wurden, auch Erträge aus Derivaten, die für den

---

7 Im Internet des Landes Salzburg abrufbar unter:
http://www.salzburg.gv.at/lhhg-2006.pdf
8 Im Internet des Landes Salzburg abrufbar unter:
http://www.salzburg.gv.at/lhhg-2007.pdf
9 Im Internet des Landes Salzburg abrufbar beispielsweise unter:
http://www.salzburg.gv.at/landesvoranschlag_2006.pdf, Seite 279,
http://www.salzburg.gv.at/landesvoranschlag_2008.pdf, Seite 289
http://www.salzburg.gv.at/landesvoranschlag_2010.pdf, Seite 306 und
http://www.salzburg.gv.at/landesvoranschlag_2012.pdf, Seite 82.

Landeswohnbaufonds abgeschlossen wurden, sowohl in den Voranschlag des Landes Salzburg als auch in den Voranschlag des Landeswohnbaufonds eingestellt. Außerdem wurden auch laufend Veranlagungserträge aus dem Versorgungs- und Unterstützungsfonds und aus Wertpapieren im Landesvoranschlag budgetiert. Es handelte sich dabei sowohl um rechtliche als auch um budgetäre Vorgaben des Gesetzgebers (Landtag) an die Landesverwaltung. Damit waren die Vorgaben von der Politik an die Verwaltung klar.

In weiterer Folge wurde Schritt für Schritt unsere internen Vorgaben weiter ausgebaut und in interne Richtlinien für das Finanzmanagement gegossen. An der Erstellung dieser Richtlinien war ich maßgeblich beteiligt und führte auch die Redaktion derselben durch. Dabei wurden unter anderem folgende Grundsätze festgelegt:

– Langfristige Kostenminimierung und Zusatzerträge
– Ansehen und Bonität
– Liquiditätssicherung
– Flexibilität
– Aktives Finanzmanagement

Ferner enthielten unsere internen Vorgaben auch eine Anzahl von diversen Risikobeschränkungen für das Land. Insbesondere umfassten die Richtlinien Beschränkungen für die Zinsrisiken, für die Währungsrisiken und für sonstige Risiken, sowohl für Finanzierungen als auch für Derivate. Auch wurde ein Finanzbeirat als internes Beratungsgremium der Finanzabteilung eingerichtet. Dieser Finanzbeirat konnte jedoch nur unverbindliche Empfehlungen abgeben und hatte keinerlei Entscheidungskompetenz. Zumindest war das in den Richtlinien, die von Landeshauptmann-Stellvertreter Dr. Raus genehmigt wurden, so festgelegt. Mit Jahresbeginn 2012 pflegte Hofrat Dr. Paulus eine andere Auslegung der Richtlinien. Dazu aber zu einem späteren Zeitpunkt.

Wichtig im Rahmen des Finanzmanagements ist vor allem auch die Beziehung zu den diversen Banken. Für die Durchführung eines professionellen Finanzmanagements, wie es in den Richtlinien des Landes festgelegt ist, müssen laufend Kontakte mit Banken gepflegt und Verhandlungen geführt werden. Dabei legte ich stets Wert darauf, dass ich mit Banken nicht alleine sprach, sondern dass der Informationsfluss durchgängig war. Es war mir wichtig, dass mein Kollege bei den Gesprächen immer eingebunden war. Die Vertreter der Banken konnten entweder mich oder meinen Kollegen anrufen. E-Mails wurden immer an uns beide geschickt. Interne Informationsdefizite sollten auf diese Weise nach Möglichkeit vermieden werden. Da ich auch viel im Außendienst zu tun hatte, war mir die reibungslose Aufrechterhaltung des Dienstbetriebs natürlich ein besonders großes Anliegen. Darüber hinaus stellte ich sicher, dass die Kommunikation der Banken auch mit unseren dienstlichen Vorgesetzten friktionsfrei verlaufen konnte. Das wurde von unseren Dienstvorgesetzten jedoch unterschiedlich gehandhabt. Hofrat Dr. Paulus kommunizierte zwar mit den regionalen Banken und mit der Deutschen Bank regelmäßig, Termine mit internationalen Banken nahm er aber nur sporadisch wahr.

Mit dem Anbrechen der Finanzkrise im Herbst 2008 wurden unsere Vorgesetzten naturgemäß noch intensiver in die Gespräche mit den Banken mit einbezogen. Dies lag auch im Interesse der Banken. Sie wollten sichergehen, dass unsere Vorgesetzten über alle Positionen Bescheid wussten. Mir war das nur recht.

Monatlich wurden von sämtlichen Banken Bewertungen übermittelt. Für die Wertpapierdepots erhielt das Land laufend Depotauszüge. Einige Banken übermittelten die Bewertungen auch öfter, manchmal sogar täglich. Der tägliche Postlauf startete immer zentral beim Abteilungsleiter, der die Post dann auf die Referate aufteilte.

Trotz der Finanzkrise gelang es uns, jährlich positive Erträge für das Land Salzburg zu erzielen. Das Land Salzburg hat die vergangenen Erträge in seinen öffentlich zugänglichen Finanzberichten ab Februar 2013 mit 211 Mio. Euro beziffert. Darüber hinaus wurden für den Landeswohnbaufonds weitere Einsparungen und Erträge über 40 Mio. Euro erzielt, insgesamt somit über 250 Mio. Euro. Hinzu kamen zusätzliche Bewertungsgewinne. Das Land erzielte diese Erträge ohne entsprechendes Eigenkapital. Es stand für die Erzielung von Erträgen kein zu investierendes Kapital zur Verfügung.

Voraussetzung dafür waren unsere größtmögliche Sorgfalt, die aufmerksame Beobachtung der Märkte und ein schnelles Handeln. Ohne genügende Flexibilität, gute Nerven und die umfassenden Vollmachten wäre der Abschluss von Derivaten nicht durchführbar gewesen. Neben den allgemeinen Richtlinien des Landes gibt es aber auch unzählige Marktusancen und allgemeine Leitlinien. Viele Handelsgrundsätze entwickelten sich im Laufe der Praxis. Da wir keine Fluktuation in unserem Team hatten, hielt ich es nicht für nötig, derartige allgemeine Regeln schriftlich festzuhalten. Im Nachhinein betrachtet, war das Fehlen schriftlicher Handlungsweisen der alltäglichen Praxisauslegung der Richtlinien ein großer Fehler. Die Folgen konnte ich zu diesem Zeitpunkt nicht vorhersehen. Das lag auch daran, dass ich stets davon ausging, dass die Ausführung der Geschäfte in der Praxis für alle Involvierten eindeutig war und es allen um das Wohl des Landes ging. Auch in diesem Punkt täuschte ich mich.

Systematische Gliederung des Amtes der Salzburger Landesregierung (Stand: Juli 2012)

Land Salzburg

Für unser Land!

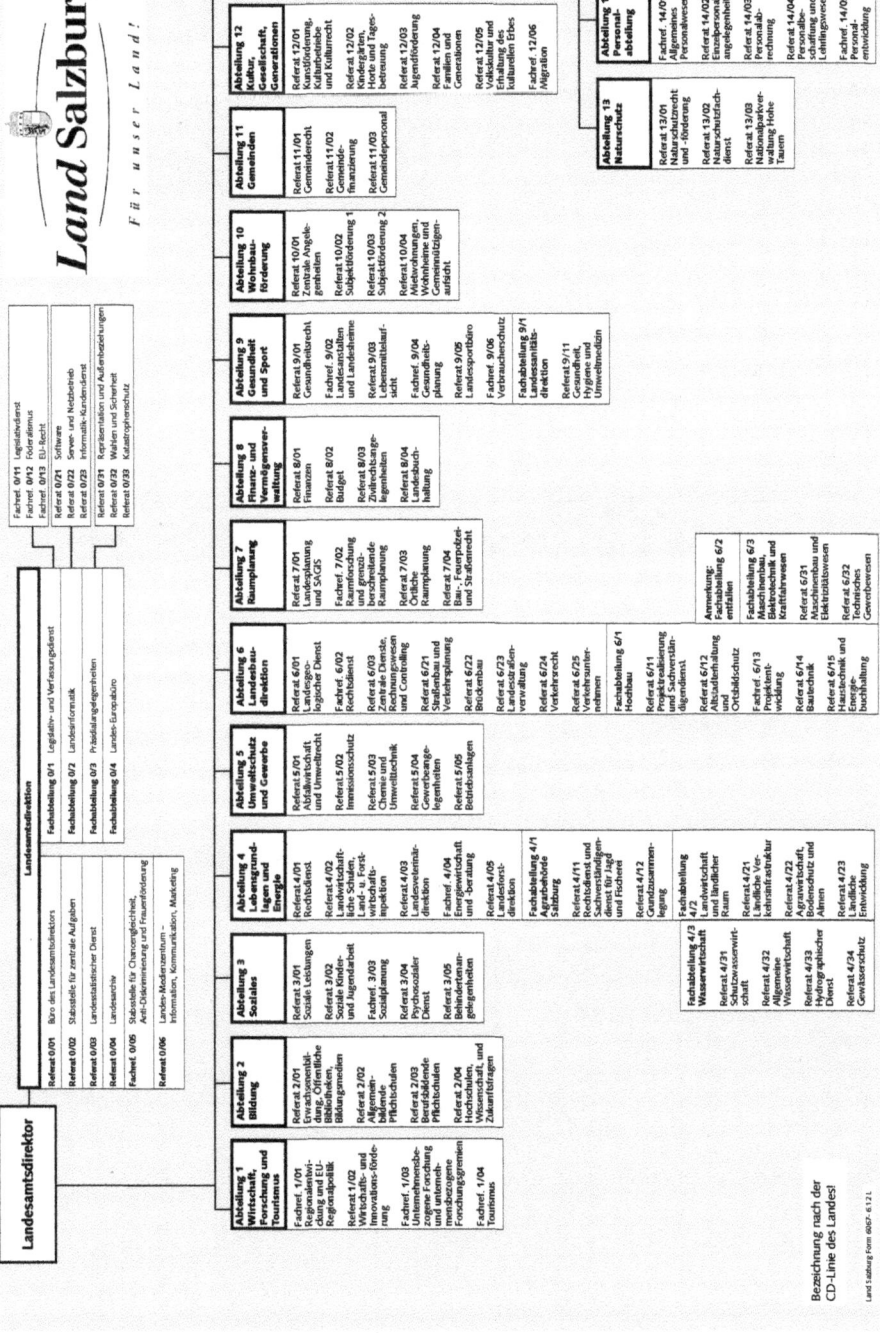

Landesamtsdirektor

- Referat 0/01 Büro des Landesamtsdirektors
- Referat 0/02 Statistelle für zentrale Aufgaben
- Referat 0/03 Landesstatistischer Dienst
- Referat 0/04 Landesarchiv
- Fachref. 0/05 Statistelle für Chancengleichheit, Anti-Diskriminierung und Frauenförderung
- Referat 0/06 Landes-Medienzentrum – Information, Kommunikation, Marketing

Landesamtsdirektion

- Fachabteilung 0/1 Legislativ- und Verfassungsdienst
- Fachabteilung 0/2 Landesinformatik
- Fachabteilung 0/3 Präsidialangelegenheiten
- Fachabteilung 0/4 Landes-Europabüro

- Fachref. 0/11 Legislativdienst
- Fachref. 0/12 Föderalismus
- Fachref. 0/13 EU-Recht
- Referat 0/21 Software
- Referat 0/22 Server- und Netzbetrieb
- Referat 0/23 Informatik-Kundendienst
- Referat 0/31 Repräsentation und Außenbeziehungen
- Referat 0/32 Wahlen und Sicherheit
- Referat 0/33 Katastrophenschutz

Abteilung 1 — Wirtschaft, Forschung und Tourismus
- Fachref. 1/01 Regionalentwicklung und EU-Regionalpolitik
- Referat 1/02 Wirtschafts- und Innovationsförderung
- Fachref. 1/03 Unternehmensbezogene Forschung und umwelmedienbezogene Forschungsgremien
- Fachref. 1/04 Tourismus

Abteilung 2 — Bildung
- Referat 2/01 Erwachsenenbildung, Öffentliche Bibliotheken, Bildungsmedien
- Referat 2/02 Allgemeinbildende Pflichtschulen
- Referat 2/03 Berufsbildende Pflichtschulen
- Fachref. 2/04 Hochschulen, Wissenschaft und Zukunftsfragen

Abteilung 3 — Soziales
- Referat 3/01 Soziale Leistungen
- Referat 3/02 Soziale Kinder- und Jugendarbeit
- Fachref. 3/03 Sozialplanung
- Referat 3/04 Psychosozialer Dienst
- Referat 3/05 Behindertenangelegenheiten

Abteilung 4 — Lebensgrundlagen und Energie
- Referat 4/01 Rechtsdienst
- Referat 4/02 Landwirtschaftlicher Schul-, Land- u. Forstwirtschafts-Inspektion
- Referat 4/03 Landesveterinärdirektion
- Fachref. 4/04 Energiewirtschaft und -beratung
- Referat 4/05 Landesforstdirektion
- Fachabteilung 4/1 Agrarbehörde Salzburg
  - Referat 4/11 Rechtsdienst und Sachverständigendienst für Jagd und Fischerei
  - Referat 4/12 Grundzusammenlegung
- Fachabteilung 4/2
  - Fachabteilung 4/3 Wasserwirtschaft
  - Referat 4/31 Schutzwasserwirtschaft
  - Referat 4/32 Allgemeine Wasserwirtschaft
  - Referat 4/33 Hydrographischer Dienst
  - Referat 4/34 Gewässerschutz
  - Referat 4/21 Landwirtschaft und ländlicher Raum
  - Referat 4/22 Ländliche Verkehrsinfrastruktur
  - Referat 4/22 Agrarwirtschaft, Bodenschutz und Almen
  - Referat 4/23 Ländliche Entwicklung

Abteilung 5 — Umweltschutz und Gewerbe
- Referat 5/01 Abfallwirtschaft und Umweltrecht
- Referat 5/02 Immissionsschutz
- Referat 5/03 Chemie und Umwelttechnik
- Referat 5/04 Gewerbeangelegenheiten
- Referat 5/05 Betriebsanlagen

Abteilung 6 — Landesbaudirektion
- Referat 6/01 Landesgeologischer Dienst
- Fachref. 6/02 Rechtsdienst
- Referat 6/03 Zentrale Dienste, Rechnungswesen und Controlling
- Referat 6/21 Straßenbau und Verkehrsplanung
- Referat 6/22 Brückenbau
- Referat 6/23 Landesstraßenverwaltung
- Referat 6/24 Verkehrsrecht
- Referat 6/25 Verkehrsunternehmen
- Fachabteilung 6/1 Hochbau
  - Referat 6/11 Projektvorbereitung und Sachverständigendienst
  - Referat 6/12 Altstadterhaltung und Ortsbildschutz
  - Fachref. 6/13 Projektentwicklung
  - Referat 6/14 Bautechnik
  - Referat 6/15 Maschinentechnik und Energiebuchhaltung
- Fachabteilung 6/2
  Anmerkung: Fachabteilung 6/2 entfällt
  - Fachabteilung 6/3 Maschinenbau, Elektrotechnik und Kraftfahrwesen
  - Referat 6/31 Maschinenbau und Elektrizitätswesen
  - Referat 6/32 Technisches Gewerbewesen

Abteilung 7 — Raumplanung
- Referat 7/01 Landesplanung und SAGIS
- Fachref. 7/02 Raumforschung und grenzüberschreitende Raumplanung
- Referat 7/03 Örtliche Raumplanung
- Referat 7/04 Bau-, Feuerpolizei- und Straßenrecht

Abteilung 8 — Finanz- und Vermögensverwaltung
- Referat 8/01 Finanzen
- Referat 8/02 Budget
- Referat 8/03 Zivilrechtsangelegenheiten
- Referat 8/04 Landesbuchhaltung

Abteilung 9 — Gesundheit und Sport
- Referat 9/01 Gesundheitsrecht
- Fachref. 9/02 Landesanstalten und Landesheime
- Referat 9/03 Lebensrechtsaufsicht
- Fachref. 9/04 Gesundheitsplanung
- Referat 9/05 Landessportbüro
- Fachref. 9/06 Verbraucherschutz
- Fachabteilung 9/1 Landessanitätsdirektion
  - Referat 9/11 Gesundheit, Hygiene und Umweltmedizin

Abteilung 10 — Wohnbauförderung
- Referat 10/01 Zentrale Angelegenheiten
- Referat 10/02 Subjektförderung 1
- Referat 10/03 Subjektförderung 2
- Referat 10/04 Mietwohnungen, Wohnheime und Gemeinnützigenaufsicht

Abteilung 11 — Gemeinden
- Referat 11/01 Gemeinderecht
- Referat 11/02 Gemeindefinanzierung
- Referat 11/03 Gemeindepersonal

Abteilung 12 — Kultur, Gesellschaft, Generationen
- Referat 12/01 Kunstförderung, Kulturförderung und Kulturrecht
- Referat 12/02 Kindergärten, Horte und Tagesbetreuung
- Referat 12/03 Jugendförderung
- Referat 12/04 Familien und Generationen
- Referat 12/05 Volkskultur und Erhaltung des kulturellen Erbes
- Fachref. 12/06 Migration

Abteilung 13 — Naturschutz
- Referat 13/01 Naturschutzrecht und -förderung
- Referat 13/02 Naturschutzfachdienst
- Referat 13/03 Nationalparkverwaltung Hohe Tauern

Abteilung 14 — Personalabteilung
- Fachref. 14/01 Allgemeines Personalwesen
- Referat 14/02 Einzelpersonalangelegenheiten
- Referat 14/03 Personalabrechnung
- Referat 14/04 Personalschaffung und Lehrlingswesen
- Fachref. 14/05 Personalentwicklung

Bezeichnung nach der CD-Linie des Landes!

Land Salzburg Form 6067-6.12L

Betreff: Bestätigung der Gültigkeit der Vollmacht vom 6.2.2003

Beilage: 1

Hiermit wird bestätigt, dass die in der Beilage angeschlossene „Vollmacht für Handelsgeschäfte mit Firmen und Institutionen" vom 6.2.2003 für den Abschluss von Kassageschäften und derivativen Finanzprodukten vollinhaltlich aufrecht ist.

Inhaltliche Änderungen (Vertretungsvollmacht) oder eine Änderung jener Personen, die zum Abschluss der genannten Geschäfte bevollmächtigt sind, werden schriftlich bekannt gegeben.

Land Salzburg
Für die Landesregierung:

Salzburg, am 26.6.2008

Mag. David Brenner
Landeshauptmann-Stellvertreter

KAIGASSE 14 • POSTFACH 527, 5010 SALZBURG
TELEFON (0662) 8042-2207 • FAX (0662) 8042-2318 • MAIL brenner@salzburg.gv.at • DVR 0078182

50

Vollmacht für Handelsgeschäfte
mit Firmen und Institutionen

Vollmachtgeber
Land Salzburg

Hierdurch bevollmächtigt der Vollmachtgeber

☐ die nachstehende Person,   ☒ die nachstehenden Personen

Ihn beim Abschluss der im Folgenden spezifizierten Handelsgeschäfte mit Banken bzw.
Kreditinstituten zu vertreten sowie die zum Abschluss dieser Geschäfte erforderlichen
Handlungen vorzunehmen. Die Vollmacht berechtigt auch dazu,

♦ der Bank für die Geschäfte erforderlichenfalls Sicherheiten zu bestellen,
♦ Konto- und Depoteröffnungen vorzunehmen bzw. die Konten zu schließen,
♦ zum Zwecke der Durchführung von Handelsgeschäften eingeräumte Kredite in Anspruch
  zu nehmen und
♦ die Rechte aus den Geschäften auszuüben.

Zur Erteilung von Untervollmachten ist der/die Bevollmächtige/ sind die Bevollmächtigten
berechtigt.

Die Geschäfte erfolgen jeweils nach Maßgabe der mit der Bank gesondert getroffenen
Vereinbarungen und der dafür geltenden Bedingungen und Usancen.

**Geschäftsbestätigungen und Verträge über den Abschluss von Handelsgeschäften
sind jeweils von zwei Bevollmächtigten gemeinsam zu unterzeichnen.**

1. Geschäfte

1. Veranlagungen
2. Aufnahme von Darlehen
3. Wertpapier(kassa)geschäfte
4. Börsliche und außerbörsliche Optionsgeschäfte auf Börsenindizes, Wertpapiere
   und Financial Futures – Kauf von Optionen und Verkauf bestehender
   Optionsrechte einschließlich entsprechender Geschäfte in Index, Aktien-, Zins-
   und Future-Optionsscheinen
5. Börsliche und außerbörsliche Optionsgeschäfte auf Börsenindizes, Wertpapiere
   und Financial Futures- Verkauf von Optionen (Eingehung von
   Stillhalterpositionen)
6. Finanzterminkontrakte (Financial Futures)
7. Devisenkassa- und Devisentermingeschäfte
8. Börsliche und außerbörsliche Devisenoptionsgeschäfte – Kauf von Optionen und
   Verkauf bestehender Optionsrechte
9. Börsliche und außerbörsliche Devisenoptionsgeschäfte – Verkauf von Optionen
   (Eingehung von Stillhalterpositionen)
10. Finanz-Swaps, Forward Rate Agreements

11. Zinsbegrenzungsgeschäfte (Interest Rate Cap, Floor u.ä.), Swap-Optionen –
Verkauf von Optionen und Verkauf bestehender Optionsrechte
12. Zinsbegrenzungsgeschäfte (Interest Rate Cap, Floor u.ä.), Swap-Optionen –
Verkauf von Optionen (Eingehung von Stillhalterpositionen)
13. Sonstige Handelsgeschäfte in der Form von Geldanlagen und –aufnahmen
14. Flexible Finanz- und Devisentermingeschäfte
15. Sonstige strukturierte Derivate (einschließlich exotischer Zinsderivate).

2. Bevollmächtigte

bitte ergänzen

Name Vorname

bevollmächtigt für Geschäfte gemäß oben 1.

1.	Dr. Eduard Paulus	Nr. 1 bis 15
2.	Mag. Monika Rathgeber	Nr. 1 bis 15
3.	Christian Mittermair	Nr. 1 bis 15
4.		Nr.
5.		Nr.

Die Vertretungsvollmacht der oben genannten Personen bleibt bestehen, bis der
Vollmachtgeber die Bank schriftlich von einer Änderung unterrichtet.

3. Geschäftsbestätigungen, Abrechnungen und sonstige Schriftstücke

Die im Zusammenhang mit diesen Geschäften erteilten Abrechnungen, Bestätigungen,
Aufstellungen, Kontoauszüge und sonstige Schriftstücke sind zu senden an: „Amt der
Salzburger Landesregierung, Abteilung 8 (unter Verschluss), Postfach 527, A-5010
Salzburg"

Land Salzburg
Für die Landesregierung:

Salzburg, am 6.2.2003

Ort, Datum

Unterschrift des Vollmachtgebers
Wolfgang Eisl
(Landeshauptmann-Stellvertreter)

52

Aufziehende Gewitterwolken

Ich hatte mehrere Analysen und Berechnungen von einzelnen Typen von Zinsgeschäften auf das Portfolio des Landes durch die Deutsche Bank bewerten und analysieren lassen. Damit konnte ich aufzeigen, welche Geschäfte für das Land in welchem Ausmaß risikoreduzierend wirkten und wie hoch der Risikogehalt der einzelnen Geschäfte war. Damit hatte ich alle Vorarbeiten erledigt, um eine vernünftige Lösung in der Sitzung des Finanzbeirates vom März 2012 erwarten zu können. Die Ergebnisse waren so klar und eindeutig, dass die Beiratsmitglieder davor wohl nicht die Augen würden verschließen können. Ich war mir meiner Sache sehr sicher.

Nicht vorhersehbar war jedoch die momentane Stimmungslage meines Abteilungsleiters. Seitdem er zu Besuch in Linz gewesen war, verhielt er sich anders als sonst. Dies lag daran, dass in Linz ein Rechtsstreit zwischen der Stadt und einer Bank über einen verlustreichen Swap ausgetragen wurde. Ich verstand nicht, weshalb die Affäre in Linz Auswirkungen auf uns haben sollte. Anders als die Stadt Linz hatten wir schließlich stets darauf geachtet, dass es unbegrenzte Risiken, wie sie in Linz eingegangen worden waren, bei uns nicht gab. Das wusste Hofrat Dr. Paulus. Ganz offensichtlich machte ihn an der Affäre in Linz nervös, dass die Politiker dort – und wahrscheinlich nicht nur dort – nach einer Möglichkeit suchten, sich im Bedarfsfall aus der Verantwortung zu stehlen und die Verantwortung ausschließlich anderen, nämlich der Verwaltung und dem Geschäftspartner aufzuhalsen[10]. Er hatte während seines Aufenthaltes in Linz auch erfahren, dass sich unser Ressortchef bereits danach erkundigt hatte, wie man als Politiker agieren muss, um für Fehlspekulationen weder in rechtlicher noch in politischer Hinsicht zur Verantwortung gezogen werden zu können.

Mich überraschte diese Vorgangsweise weniger als Hofrat Dr. Paulus, der mir in einem Gespräch sein Unbehagen darüber mitgeteilt hatte. Ich erinnere mich daran, dass ich damals nur mit den Achseln gezuckt und gesagt habe: „Ich habe das eigentlich erwartet. Mittlerweile kennen wir unseren Ressortchef ja gut genug und wir können uns ausrechnen, was passieren wird, wenn er für den Fall der Fälle, dass wirklich einmal etwas schief gehen sollte, Schuldige braucht. So lange alles gut geht, gibt es natürlich kein Problem, wenn es nicht gut geht, stehen wir alleine da." Hofrat Dr. Paulus schien die Perspektive, LH-Stv. Brenner könne in einem solchen „Fall der Fälle" die Schuld auf das Referat bzw. die Finanzabteilung abwälzen, sehr zu beunruhigen: „Ich bin doch nicht dumm und schaue da einfach zu", sagte er, „dann bleiben wir ja alleine über. Das werde ich mir nicht gefallen lassen." Ich antwortete nur kurz: „Das ist ja nichts Neues. Das überrascht mich ganz und gar nicht. So ist die Politik. Vor allem finde ich, passt das Vorgehen zu unserem Ressortchef." Hofrat Dr. Paulus meinte, dass wir wirklich aufpassen müssten, dass keine Verluste entstünden. „Sonst verkauft er uns sofort", fügte er noch hinzu. „Mir wäre am liebsten, wir würden alles zumachen." Ich versicherte ihm, dass wir die riskantesten Geschäfte ohnedies schon aufgegeben hätten, jetzt aber nicht einfach auf einen Verdacht hin alle

---

10 Ein im Jahr 2007 zwischen der Stadt Linz und einer inländischen Bank abgeschlossenes Swap-Geschäft entwickelte sich seit dem Jahr 2010 sehr negativ für die Stadt Linz. Die Stadt Linz klagte daraufhin die Bank und vice versa. Auf der Homepage der Stadt Linz sind Informationen zu der Affäre angeführt (unter: http://www.linz.at/swap4175.asp), ebenso wie in diversen Medien, die über den Prozessverlauf ausführlich berichten: http://derstandard.at/1379292450677/Linzer-Swap-Affaere-Zeugen-Befragung-geht-weiter.

Geschäfte schließen konnten, da wir das Land damit nur mit zusätzlichen Zinskosten belasten würden. Das war mit den Budgetvorgaben nicht vereinbar, daher auch nicht sinnvoll. Hofrat Dr. Paulus antwortete, dass ihm das im Zweifel lieber wäre und wir vermehrt auf der Hut sein müssten. Er sei nicht gewillt, für unseren Ressortchef den Kopf hinzuhalten.

In den folgenden Wochen und Monaten war es kaum mehr möglich, fachliche Diskussionen über das Finanzmanagement mit meinem Abteilungsleiter zu führen. Ich hatte den Eindruck, dass er keine Entscheidungen mehr treffen wollte, sondern vielmehr seine Vorgesetztenkompetenz (Weisungsrecht) an die externen Mitglieder des Finanzbeirates übertragen wollte. Ich sagte ihm damals, dass ich eine Übertragung von Landesaufgaben an Externe sowohl rechtlich als auch finanziell für sehr kritisch hielte. Diese neue Entwicklung unserer Zusammenarbeit war nach meiner Wahrnehmung auf die Linzer Swap-Affäre und Hofrat Dr. Paulus' Aufenthalt in Linz zurückzuführen. Andere Gründe für seinen Strategiewechsel im Bereich des Finanzmanagements konnte ich nicht erkennen.

Die Sitzung des Finanzbeirates am 20. März 2012 verlief daher auch völlig anders als sonst.

Sowohl Hofrat Dr. Paulus als auch die externen Mitglieder des Finanzbeirates nahmen die Berechnungen und Analysen, die ich im Vorfeld hatte erstellen lassen, zwar zur Kenntnis, hielten sich aber in ihren anschließenden Empfehlungen nicht daran. Ihre Empfehlungen entsprachen weder den budgetären Vorgaben, noch den Zielen des Ressortchefs, die die Risikoreduktion betrafen und schon gar nicht den Anforderungen der Richtlinien des Landes. Ihr Agieren war mir unverständlich, da der Finanzbeirat im Grunde lediglich die Kompetenz hatte, Vorschläge zur Risikostrategie zu machen, nicht aber konkrete Handelsempfehlungen abzugeben. Umso erstaunlicher war, dass die Empfehlungen des Finanzbeirates zu einer Erhöhung der Zinskosten und zu einer Risikoerhöhung führten.

In der besagten Sitzung wurde von den externen Beratern der Abschluss von Geschäften vorgeschlagen, die für das Land ein größeres Risiko darstellten als die von mir empfohlenen risikoreduzierenden Geschäfte. Diese Entscheidung war für mich in keiner Weise nachvollziehbar. Zusätzlich wurde dem Land so nachweislich finanzieller Schaden zugefügt.

Wir sollten also wissentlich Geschäfte abschließen, die für das Land mit einem höheren Risiko verbunden waren und zu einer Zinskostenerhöhung führen würden, einer Zinskostenerhöhung, die den budgetären Rahmen für Zinsausgaben sprengte. Hofrat Dr. Paulus schloss die Diskussion, nachdem er wiederholt festgestellt hatte, ihm seien zusätzliche Zinsausgaben in der Höhe von 25 bis 30 Mio. Euro pro Jahr[11] lieber, als Swaps, die der Finanzbeirat nicht empfohlen hätte, und zwar selbst dann, wenn sich diese für das Land als vorteilhafter herausstellen sollten. In Zukunft seien die Mitarbeiter des Budgetreferates dazu angehalten, nur mehr Geschäfte abzuschließen, die der Finanzbeirat ausdrücklich genehmigt hätte. Nach Beendigung der Sitzung vertraute ich mich meinem Kollegen Christian an. Ich verwies darauf, unter solchen Vorgaben nicht mehr arbeiten zu können. Wir konnten doch nicht Geschäfte abschließen, von denen wir wussten, dass sie das Land schädigten und zu Kostenerhöhungen führten, die im Landesvoranschlag nicht gedeckt wären. Ich nahm mir vor, mit Hofrat Dr. Paulus nochmals über die finanziellen Konsequenzen der neuen Empfehlungen des Finanzbeirates zu sprechen.

In das Protokoll flossen wie üblich nur allgemeine Formulierungen ein, wie:

„(…) Allerdings trägt die Verringerung des Zinsniveaus weiter dazu bei, dass bei den Finanzierungen des Landes insgesamt wei-

---

11 Allein der Verzicht auf die sogenannten „Range-Accrual-Swaps" führt zu Mehrkosten bei den Zinsaufwendungen des Landes von 16 Mio. Euro pro Jahr. Weitere 10 bis 15 Mio. Euro an zusätzlichen Zinskosten entstehen, wenn auch andere zinskostenreduzierende Swaps aufgelöst bzw. nicht mehr ersetzt werden.

tere Bewertungsverschlechterungen eintreten (rd. 140 Mio. €), da das Zinsniveau laufend sinkt [12]. *Während also das Optimierungsportfolio trotz der Währungsschwankungen sehr stabil verlaufen ist, schlagen die fix verzinslichen Finanzierungen sehr stark belastend auf die Performance des Landes durch.* "

> [Zu 12] Bei den fix verzinslichen Finanzierungen des Landes ist allein im Jahr 2011 eine Bewertungsverschlechterung um 140 Mio. Euro eingetreten. Die Bewertungen verschlechterten sich in den ersten Monaten des Jahres 2012 weiter dramatisch, ab Mai waren die Fixzinsverbindlichkeiten bereits 220 Mio. Euro im Minus. Das bedeutet, dass bei einem Neuabschluss der Finanzierungen nach dem Mai 2012 die Fixzinszahlungen insgesamt 220 Mio. Euro weniger betragen hätten. Im Detail wird dazu auf das Kapitel „Ein turbulenter Mai" hingewiesen. Variable Verzinsungen weisen im Gegensatz zu den Fixzinsverbindlichkeiten praktisch keine negative Bewertung aus, da sich der Zinssatz laufend dem aktuellen Zinsniveau anpasst.

Und weiter:
„Das Risiko aus dem Finanzierungsportfolio ist nunmehr beinahe doppelt so hoch (143 Mio. €) wie die gesamten Risiken aller Derivate (rund 80 Mio. €). [13] "

> [Zu 13] Das bedeutet, dass das Risiko aus den fix verzinslichen Finanzierungen (Schulden) mit 143 Mio. Euro beinahe doppelt so hoch ist, wie das Risiko aus dem diversifizierten Derivateportfolio des Landes. Die Risiken der Finanzierungen übersteigen die Risiken der Derivate erheblich.

---

12 Auf die Ausführungen im Textfeld wird hingewiesen.
13 Auf die Ausführungen im Textfeld wird hingewiesen.

„Im weiteren Diskussionsverlauf wurden die Ergebnisse der Analysen von den Mitgliedern des Finanzbeirats in Frage gestellt. Aus Sicht des Landes Salzburg wurden aber Bedenken gegen neue Analysen vorgebracht, da die unterschiedlichen Grundannahmen trotzdem bestehen bleiben würden. "

Im Protokoll heißt es weiter:

„Nach längerer Diskussion wurde vom Finanzbeirat zur Änderung der Zinsstruktur der derzeitigen Fixschulden empfohlen, bestehende Finanzschulden mit Plain-Vanilla-Swaps und mehrfach kündbaren Fix/Floating-Swaps (Multi-Callables) in variabel zu drehen. Der Abschluss von neuen Range Accruals[14] wurde vom Finanzbeirat – trotz der nachgewiesenen Vorteile in Bezug auf das Risiko und den Cashflow – nicht empfohlen. "

Meine Ergänzung (im Wortlaut: ***„trotz der nachgewiesenen Vorteile in Bezug auf das Risiko und den Cashflow"***), die ich in der Sitzung vom 20. März 2012 mehrfach mündlich vorgebracht hatte, musste ich in der Endausfertigung des Protokolls auf ausdrücklichen Wunsch der externen Mitglieder im Finanzbeirat und auf Weisung von Hofrat Dr. Paulus hin wieder streichen.

Noch an diesem Tag versuchte ich, mit meinem Abteilungsleiter zu sprechen. Ich wollte ihm klarmachen, welche Probleme bei der Umsetzung der Empfehlungen des Finanzbeirates entstehen könnten. Er meinte, dass ich davon die externen Mitglieder des Finanzbeirates überzeugen müsse, er selbst habe dazu keine Meinung. Als ich ihm entgegnete, dass diese auf Grund seines Statements im Sitzungsverlauf, höhere Zinskosten von jährlich 25 bis 30 Mio. Euro in Kauf zu nehmen, davon ausgehen müssten, dass ihre Empfehlungen exakt

---

14 Die „Range Accrual Swpas" im Portfolio des Landes führten zu einer jährlichen Zinskostenreduktion im Ausmaß von 16 Mio. bis 18 Mio. Euro. Dieser Swap ist so wie der „Plain Vanilla" Swap und der „Multi Callable" Swap eine Unterart der Zinsswaps, die im Glossar im Detail beschrieben sind. Mit Hilfe von Zinsswaps wird das Zinszahlungsprofil von Finanzschulden und Veranlagungen geändert.

seiner Meinung entsprächen, antwortete er nur: „**Das ist dein Problem.**" Frustriert verließ ich sein Büro. Ich konnte nicht verstehen, weshalb er die Diskrepanzen der Weisungen nicht erkennen konnte. Schließlich waren sie offensichtlich. Und wenn wir schon wissentlich 25 bis 30 Mio. Euro höhere Zinskosten für das Land zuließen, wer sollte dann am Ende dafür die Verantwortung übernehmen? Etwa die externen Experten? Oder LH-Stv. Brenner? Oder der Abteilungsleiter selbst?

Die Mehrkosten bei den Zinsausgaben, die überhaupt nicht in den Budgets eingeplant waren, explodierten. Die Budgetplanungen sahen jedoch weitere Einsparungen vor und keine Verdreifachung der Zinsausgaben[15]. Wieso verhallten alle meine Warnungen? Wieso bestanden Sie auf diesen neuen Weisungen? Wie nur könnte ich diese Probleme lösen, mit all den anschließenden finanziellen Folgen für das Land?

Meine Intention war stets, die Finanzierungen des Landes in variabel zu drehen, damit das Land mit keinen höheren Zinskosten belastet werden konnte als für kurzfristige Geldmarktbindung zu bezahlen waren. Diese Vorgangsweise entsprach auch exakt den Anforderungen der Richtlinien des Landes. Die neuen Empfehlungen des Finanzbeirates verfolgten das gegenteilige Ziel. Die Vorgaben der Richtlinien wurden in mehreren Punkten ausgesetzt. Dabei wurde eine zusätzliche Zinsbelastung von rund 4% jährlich, bezogen auf sämtliche Finanzierungen des Landes und des Landeswohnbaufonds, in Kauf genommen. Das konnte meinen Vorgesetzten doch nicht egal sein! Das war insofern völlig verantwortungslos, als wir im Landesbudget dafür keinerlei Vorsorge getroffen hatten. Die budgetären Vorsorgen waren in finanzieller Hinsicht mit den Empfehlungen des Finanzbeirates nicht vereinbar. In

---

15 Die Empfehlungen des Finanzbeirates würden dazu führen, dass sich die Zinsausgaben verdreifacht hätten. Dies insbesondere dann, wenn überhaupt keine Zinsswaps zur Reduktion der Fixzinsschulden mehr abgeschlossen würden und bestehende zinskostenreduzierende Swaps aufgelöst oder von Banken gekündigt werden.

Anbetracht des Umfangs der Fixzinsverbindlichkeiten waren die finanziellen Konsequenzen mehr als erschreckend. Die von Hofrat Dr. Paulus genannten 25 bis 30 Mio. Euro Mehrkosten würden vielleicht gar nicht ausreichen, wenn man auch noch die vollen künftigen Verpflichtungen des Landeswohnbaufonds hinzuzählte[16].

Ich war zutiefst enttäuscht, dass es mir nicht gelungen war, meine Vorgesetzten und den Finanzbeirat zu überzeugen. Warum nahmen sie so leichtfertig eine solche Ausgabenerhöhung in Kauf?

Möglicherweise verfolgten sie ja ein ganz anderes Ziel, ein Ziel, das ich nicht kannte. Ich wollte und konnte mir das nicht vorstellen.

Nach der Geschäftseinteilung des Amtes der Salzburger Landesregierung war das Finanzmanagement Aufgabe des Referates 8/02. Ich war die Referatsleiterin. Also war ich letztendlich dafür verantwortlich. Jedoch mit einer so plötzlichen Änderung der Strategie konnte ich mich nicht ohne weiteres identifizieren. Ich konnte einer solch exorbitanten Zinskostenerhöhung nicht einfach zustimmen. Immerhin hätte ich mich ja sogar strafbar gemacht, wenn ich Anweisungen, die unweigerlich zur Schädigung der Landesfinanzen führten, Folge geleistet hätte. Meine exakten Berechnungen hatte ich den Mitgliedern des Finanzbeirates vorgelegt. Sie interessierten sich allerdings nicht dafür.

---

16 **Mittlerweile stellte sich heraus, dass die jährlichen Mehrkosten für das Land auf Grund der Fixzinsbelastungen insgesamt noch höher sind.** Wie der **Rechnungshof** in seinem Bericht über die finanzielle Lage des Landes feststellte, wurden im Zuge der vom Land Salzburg eingeleiteten Portfolioreduktion bis Ende Februar 2013 zinskostenreduzierende Swaps allein bei der ÖBFA mit einem Gesamtnominale von 1.220,0 Mio. EUR aufgelöst. **Das Land muss daraus künftig** – unter der Annahme eines gleichbleibenden Zinsniveaus – **mit höheren Zinszahlungen von bis zu rd. 35 Mio. EUR jährlich bzw. rd. 370 Mio. EUR bis zur Fälligkeit aller Darlehen rechnen. Die Mehrkosten betreffen dabei nur die Auflösung der Swaps bei der ÖBFA, die Kosten der Auflösung der Swaps bei anderen Banken sind hierin noch gar nicht enthalten.** Der Bericht des Rechnungshofes ist im Internet abrufbar unter: www.rechnungshof.gv.at.

Am selben Abend erzählte ich einem guten Freund von meiner prekären Lage. Wir trafen uns in einem kleinen Lokal in der Stadt. Er meinte, dass mir die Hände gebunden seien, hätte ich einmal entsprechende Aufträge erhalten. Er riet mir aber dazu, in Zukunft schriftliche Weisungen zu verlangen. Als ich ihm meine Enttäuschung über das Handeln meiner Vorgesetzten schilderte und über die Aussichtslosigkeit, sie von meiner Ansicht zu überzeugen, meinte er, dass ihnen die Konsequenzen ihres Tuns möglicherweise gar nicht bewusst seien. Später beklagte ich mich dann auch noch über meinen Kollegen Christian, der jeder Konfrontation aus dem Weg ging. „Erhoffe dir nichts von anderen!", riet mir mein Freund. „Die meisten Menschen sind nur auf ihren Vorteil bedacht!" Damit sollte er in mehrfacher Hinsicht Recht behalten. Wir überlegten noch lange gemeinsam hin und her, mit welchen Argumenten ich meine Vorgesetzten doch noch von ihrem Plan abbringen könnte. Auf meinen Einwand hin, dass Hofrat Dr. Paulus mich gut genug kennen müsse, um zu wissen, dass ich das Land nie freiwillig und wider besseres Wissen schädigen würde, stellte mein Freund die Vermutung an, es könne sich bei all dem vielleicht auch um einen Test handeln. Später kamen wir auch noch auf die Ereignisse rund um meine Bewerbung für die Übernahme der Referatsleitung im Jahr 1999 zu sprechen. Es hieß damals, dass der Referatsleiterposten für das Budgetreferat ein strategisch wichtiger Posten sei und einer bestimmten Partei zugewiesen sei. Um die Referatsleitung zu bekommen, wäre ich dazu angehalten, der entsprechenden politischen Partei beizutreten. Ich lehnte das damals kategorisch ab und betrachtete es als meine Aufgabe für das Land zu arbeiten und nicht etwa für eine Partei. Ich wäre nie einer Partei beigetreten, nur um in eine leitende Position zu kommen. Das widersprach meinen Grundsätzen und meinem Ehrgefühl. Meine Qualifikation sollte maßgeblich sein, nicht irgendeine Parteizugehörigkeit. „Was ich wähle, ist meine Privatsache.

Ich kann doch nicht besser oder schlechter geeignet sein für den Posten mit oder ohne Parteimitgliedschaft?", sagte ich damals.

Dass ich mir mit meiner Offenheit eventuelle Aufstiegsmöglichkeiten selbst verbaut hatte, war mir damals bewusst. Mein Freund meinte, er glaube nicht, dass es viele Menschen gäbe, die so gehandelt hätten wie ich damals. Nur wenige hätten das riskiert. Ich antwortete, dass sich mir die Frage nie gestellt hätte und dass ich jetzt noch froh sei, auf meinem Standpunt beharrt zu haben. Ausschlaggebend sei für mich bei der Vergabe von Posten immer die fachliche Kompetenz gewesen. Mein Freund war dann doch etwas verwundert darüber, dass ich es mit dieser Einstellung in der Landesverwaltung überhaupt so weit gebracht hatte und er gab mir den Rat, meine persönliche Meinung vielleicht gelegentliche doch etwas zurückzustellen. Ich konterte, dass ich mir das in einer so wichtigen Position und bei so wichtigen Entscheidungen schon gar nicht mehr leisten könne. Gerade jetzt und in dieser Situation hielte ich es für meine Pflicht, meine Bedenken offen zu artikulieren, schon alleine deshalb, weil ich offensichtlich die einzige war, die den Mut dazu hatte. Den Luxus schweigen zu können hätte ich mit Antritt meines verantwortungsvollen Postens verspielt. „Du machst dir damit sehr viele Feinde, weißt du das?", fragte mein Freund. „Das glaube ich gar nicht", sagte ich, „denn meistens spreche ich ohnehin das aus, was sich die anderen auch denken, sich aber nicht zu sagen trauen." Mein Freund gab mir den Rat, auf mich aufzupassen und in Zukunft vielleicht doch etwas diplomatischer zu sein. „Du handelst dir nur Probleme ein, die man möglicherweise vermeiden kann", sagte er abschließend.

Dieses Gespräch und vor allem auch die Bedenken meines Freundes hinsichtlich meiner Direktheit beschäftigten mich sehr und machten mir auch ein wenig Angst. Dennoch fasste ich schon am darauffolgenden Tag den Entschluss, in der nächsten Sitzung des Finanzbeirats noch einmal auf meine Bedenken hinzuweisen. Ich informierte darüber auch meinen Kollegen Christian, der sich ohnehin auch schon Sorgen machte. Ich hoffte lange darauf, dass er seine Bedenken auch einmal offen bei einer Sitzung artikulieren würde. Das hätte es auch für mich einfacher gemacht. Ich wäre nicht so allein mit meiner Argumentation dagestanden. Jedoch das passierte nie. Es war einfach nicht seine Art zu widersprechen, unserem Vorgesetzten Hofrat Dr. Paulus schon gar nicht. In den folgenden Tagen hatten wir alle Hände voll mit dem Rechnungsabschluss für das Jahr 2011 zu tun. Das lenkte mich ein wenig von den aufziehenden Gewitterwolken ab.

Im Auge des Sturms

Mein Bürotisch war stets übervoll mit Akten. Sie stapelten sich dort geradezu. Ich empfand meine Arbeit jedoch nie als Belastung. Im Gegenteil, ich freute mich immer darauf und mit ihr auf neue Herausforderungen. Gerade an Letzteren mangelte es uns nie. Wir waren gewohnt, schnell agieren und Entscheidungen innerhalb kürzester Zeitspannen fällen zu müssen. Im Finanzmanagement gehörte das zu den Grundvoraussetzungen, da die Märkte sich ja in permanenter Bewegung befinden. Unsere Strategie musste daher bereits im Vorfeld feststehen und dazu bedurfte es wiederum klarer Zielvorgaben. Die gab es bis zu diesem Zeitpunkt auch noch. Wir waren drei Personen im Budgetreferat: Christian, mein Kollege und Mitarbeiter, Christine, unsere Assistentin und ich selbst als die Leiterin des Referats. Unser unmittelbarer Dienstvorgesetzter war der Leiter der Abteilung, Hofrat Dr. Paulus. Das für Finanzen zuständige Mitglied der Landesregierung war seit Dezember 2007 LH-Stv. Mag. Brenner. Letzterer war unser Ressortchef und trug die politische Verantwortung.

Folgende Aufgaben gehören zum Aufgabenbereich des Budgetreferates:
- Erstellung des Landesvoranschlages (= Landesbudget)
- Vollziehung des Landesvoranschlages (= Abwicklung von Einnahmen und Ausgaben des Landes unter Berücksichtigung der Vorgaben des Landesvoranschlages)
- Mittelfristige Finanzplanung

- Mittelfristige Investitionsplanung für das Land und von Investitionsförderungen des Landes
- Mitwirkung bei bestimmten Fördervorhaben des Landes (Erstellung von Förderverträgen, Förderabwicklungen)
- Mitwirkung bei Investitionsvorhaben und –förderungen (Erstellung von Regierungsbeschlüssen, Beratung von Abteilungen und externen Einrichtungen)
- Mitwirkung bei der Erstellung des Rechnungsabschlusses
- Prüfung und Genehmigung von Kreditüberschreitungen[17]
- Rücklagengebarung des Landes[18]
- Verwaltung des finanziellen Vermögens des Landes (Schuldendienst, Steuerung der Liquidität, Zinsberechnungen für Schulden und Veranlagungen)
- Finanzaufnahmen (= Aufnahmen von Darlehen und Krediten, Eingehen von Finanzverbindlichkeiten, etc)
- Veranlagungen (in Form von Festgeldern, Wertpapieren oder sonstigen Veranlagungen)
- Finanzmanagement (= Management der Verbindlichkeiten und der Veranlagungen, Management des Zins- und Währungsprofils von Verbindlichkeiten und Veranlagungen)
- Evidenthaltung sämtlicher Förderungsfälle (Subventionsbericht)

Die Aufgaben waren also durchaus vielfältig, die Tätigkeiten abwechslungsreich. Unbedingt erforderlich war bei all dem eine gute Kommunikation mit allen internen und externen Stellen. Nur auf diese Weise konnte es gelingen, möglichst frühzeitig im Budgetvollzug und für die Budgeterstellung an entschei-

---

17 Unter Kreditüberschreitung versteht man die Überschreitung der vom Landtag genehmigten Ausgabenansätze im Budget. Kreditüberschreitungen können durch Einsparungen in anderen Bereichen bedeckt werden, durch Heranziehung zweckbestimmter Rücklagen oder zweckgebundener Mehreinnahmen.

18 Sofern die budgetierten Ausgabenansätze nicht zur Gänze im Jahresverlauf verbraucht werden, können unter bestimmten Bedingungen Rücklagen gebildet werden. Solche Rücklagen sind konkreten Projekten und Ansätzen zugeordnet.

dende Vorabinformationen zu kommen, die die Einschätzung der künftigen Rahmenbedingungen zur Voranschlagserstellung erlauben.

Im Referat pflegten wir eine sehr offene und transparente Arbeitsweise, das war mir persönlich sehr wichtig. Die Türen zwischen den verbundenen Büros der Mitarbeiter waren stets offen. Sämtliche Dokumente wurden auf einem referatsinternen Laufwerk gespeichert, damit jeder Referatsmitarbeiter auf alle Dokumente aller Kollegen Zugriff hatte. Diese Arbeitsweise hatte ich aus meiner Tätigkeit in der Europäischen Union in die Salzburger Landesverwaltung im Jahr 1999 mit übernommen. Das war durchaus nicht selbstverständlich, weil in den anderen Referaten der Finanzabteilung die Mitarbeiter ihre Dokumente und Erledigungen in ihren persönlichen Laufwerken abspeicherten. Eine gemeinsame Bearbeitung gab es in den anderen Referaten nicht. Für meine Kollegen und Mitarbeiter war das eine große Änderung des Arbeitsstils. Ich hatte diesen Arbeitsstil bereits in der EU-Kommission erlebt und war zur Erkenntnis gekommen, dass damit das Gemeinschaftsgefühl erheblich gesteigert wurde, weil es keine Geheimnisse mehr gab, keine Akten, die man einzeln für sich erledigte, sondern nur mehr gemeinsam. Diese Änderung des Arbeitsstils erhöhte die Transparenz, das Wissen und die Motivation der Mitarbeiter. Zusätzlich bekamen alle mit, wer mich besucht und mit wem ich sprach. Nach meiner Erfahrung verbesserte sich dadurch auch die interne Kommunikation und damit am Ende auch das Betriebsklima. Automatisch wurden die aktuellen Themen auch immer wieder intern miteinander besprochen.

Dieser offene Arbeitsstil ist und war für mich sehr wichtig. Ich fühlte mich damit sehr wohl und ich konnte auch sofort registrieren, wenn es Probleme im Umfeld meiner Mitarbeiter gab. Probleme konnten daher rascher gelöst werden.

In einem so kleinen Referat, wie dem Budgetreferat (wir waren meist nur drei Personen), war es unerlässlich, dass alle

Tätigkeiten von mir oder meinem Kollegen erledigt werden konnten. Es durfte keinen Stillstand geben, auch wenn jemand krankheits- oder urlaubsbedingt abwesend war. Um dies sicherzustellen war es Standard, dass E-Mails im Finanzmanagement sowohl an mich, als auch an meinen Kollegen adressiert wurden. Schnelles Handeln war erforderlich. Immer und überall. Dazu hatten wir Blackberrys als Diensthandys, die auch über Nacht, bei Dienstreisen und im Urlaub eingeschaltet waren. Viele unserer Aufgaben erduldeten keinen Aufschub. Um sich abzustimmen, war dieses technische Hilfsmittel unerlässlich.

Besonders umfassend war die Aufgabenstellung im Bereich der „Vollziehung des Landesvoranschlages", denn hierher gehörten etwa die Überprüfung der Steuereinnahmen nach dem Finanzausgleich und die laufenden Kontrollen, die zeigen sollten, wieweit erwartete Einnahmen tatsächlich realisiert worden waren, und ob es beim Vollzug der Ausgaben im Jahresverlauf möglicherweise Komplikationen oder Probleme gibt oder geben konnte. Zu diesem Zweck sind Frühwarnsysteme besonders wichtig, die eventuelle böse Überraschungen am Jahresende verhindern sollten. Es gab natürlich dennoch immer Überraschungen vielfältiger Natur und ich musste ständig auf neue Herausforderungen reagieren und Lösungen für Probleme anbieten. Im Großen und Ganzen eine spannende und wirklich erfüllende Aufgabe!

Ich war von 1997 bis 1999 als nationale Sachverständige für den EU-Haushalt (= Budget der Europäischen Union) der Europäischen Kommission tätig. Konkret war ich zuständig für die Berechnung der Beitragsleistungen der Mitgliedstaaten zum EU-Haushalt und für die Berechnung der Nettosalden (= Beitragsleistungen nach Abzug der EU-Förderungen). Diese Tätigkeit setzte voraus, dass man „über den eigenen Tellerrand blicken" konnte. Es war unabdingbar, andere Perspektiven zu berücksichtigen. Das war das Um und Auf. Ich lernte dort, mit Kollegen aus unterschiedlichen Mitgliedstaaten im Team zu arbeiten. Wir mussten uns an die unterschiedlichsten Situationen schnell anpassen können und vor allem lösungsorientiert denken. Es galt, für die diversen Probleme einzelner Staaten differenzierte Lösungen auszuarbeiten. Das setzte voraus, dass man sich jeweils in ganz unterschiedliche Situationen hineinversetzen konnte. Obwohl ich anfänglich nur ein Praktikum von drei Monaten im Frühjahr 1997 in Aussicht gestellt bekommen hatte, erhielt ich bereits nach wenigen Tagen einen Drei-Jahres-Vertrag angeboten. Ich sagte gerne zu. Nur für die Erstellung der Landesvoranschläge in Salzburg unterbrach ich meine Zeit in Brüssel. Wenn meine Vorgesetzten mich in Salzburg brauchten, war ich sofort zur Stelle. Das war selbstverständlich für mich. Meine Tätigkeit in der EU-Kommission machte mir großen Spaß. Sie ermöglichte mir, meinen Horizont in einem Ausmaß zu erweitern, wie das im Amt der Landesregierung - selbst durch diverse Fortbildungen – in dieser Intensität nicht annähernd geschehen wäre. Aus Brüssel nahm ich ungeheuren Elan und Motivation mit und vor allem die Gewissheit, dass Teamarbeit ein wesentlicher Beitrag zur Effizienz ist. Ich nahm mir vor, die starren Strukturen der Salzburger Landesverwaltung zumindest in dem kleinen Budgetreferat, in dem ich arbeitete, aufzubrechen.

Im Frühjahr 2012 kamen neue Herausforderungen auf mich und die Finanzabteilung des Landes zu. Es handelte sich dabei um einen neuen Stabilitätspakt zwischen Bund, Ländern und Gemeinden. Dieser enthielt noch andere Bedingungen neben der Erzielung eines ausgeglichenen Maastricht-Ergebnisses. Die Rechtsvorschriften und deren Auswirkungen auf die öffentlichen Haushalte mussten genau bedacht werden. Es handelte sich dabei um Vorgaben zur Begrenzung der Ausgabendynamik (Ausgabenbremse), für einen strukturell ausgeglichenen Haushalt, Haftungsobergrenzen und zur Reduzierung des Schuldenstandes. Immer noch ging unser Ressortchef LH-Stv. Brenner davon aus, dass wir im Land Salzburg keine weiteren Sparanstrengungen für 2013 und 2014 unternehmen müssten, um alle Anforderungen zu erreichen.

Natürlich ist die Ankündigungen von Einsparungen und ihre Durchführung für Politiker nicht gerade attraktiv. Fakten einfach unter den Teppich zu kehren und auf Wunder zu hoffen ist jedoch keine langfristige Perspektive. In Besprechungen mit dem Ressort versuchte ich gemeinsam mit einem Kollegen, dem Referatsleiter für allgemeine Finanzangelegenheiten, Herrn Dr. Steinhäusler, meinem Ressortchef die Brisanz der Lage deutlich zu machen. Jedoch sowohl LH-Stv. Brenner als auch Hofrat Dr. Paulus zogen sich darauf zurück, dass wohl andere Länder wie etwa Kärnten oder Niederösterreich die Vorgaben auch nicht einhalten würden können. Mit dieser Einstellung durften wir uns meiner Meinung nach nicht zufrieden geben. Vielmehr fand ich, dass das Land Salzburg alles in Bewegung setzen sollte, um die getroffenen Vereinbarungen einhalten zu können. Dr. Steinhäusler dachte da genauso wie ich. Wir mussten ab dem Jahr 2014 die Netto-Neuverschuldung drastisch reduzieren. Die Erstellung der Richtlinienvorgaben für die nächsten Jahre würde zeigen, ob unser Ressortchef gewillt war, den Einsparungen zuzustimmen oder ob ihm „Sonntagsreden" mehr lagen. Die Endredigierung des Stabilitätspaktes erfolgte im Zeitraum vom März bis zum Mai 2012.

Ende März wurden auch wieder Wertpapiere vorzeitig getilgt und einige Zinssatzswaps gekündigt, die die Zinskosten des Landes reduziert hatten. Wie üblich schloss ich unter Einbindung meines Kollegen Christian neue Geschäfte auf der Grundlage der ausgelaufenen Geschäfte ab. Ich sprach mit Christian darüber, dass die neuen Empfehlungen des Finanzbeirates schließlich nur dem Abschluss von Neugeschäften galten. So war es auch im Protokoll angeführt. Der Ersatz von auslaufenden Geschäften war davon nicht betroffen.

Die neue generelle Dienstanweisung des Abteilungsleiters, stets darauf zu achten, die Empfehlungen der externen

Berater im Finanzbeirat verbindlich umzusetzen, beschäftigte mich sehr, denn diese „Dienstanweisung" konnte von mir sachlich nicht nachvollzogen werden. Ich brachte immer wieder meine Kritik vor. Diese Dienstanweisung zielte offenbar darauf hin, die gesamte Verantwortung auf externe Berater zu übertragen. Tatsächlich handelte es sich jedoch um Aufgaben meines Referates, die eigentlich nur mit Beschluss der Landesregierung oder idealerweise mit Beschluss des Salzburger Landtages an Dritte übertragen werden konnten. Bei der bestehenden Rechtslage war es am Ende die Verwaltung, nämlich gemäß der Geschäftseinteilung des Amtes der Landesregierung, konkret das Budgetreferat, die für Fehlentscheidungen des Finanzbeirates den Kopf hinhalten würde müssen. Hofrat Dr. Paulus bestand jedoch beharrlich auf dieser Dienstanweisung. Ich wies ihn immer wieder darauf hin, dass letztendlich immer das Land selbst die wirtschaftliche Zweckmäßigkeit und Sinnhaftigkeit zu beurteilen habe. Schließlich müssten etwaige Verluste am Ende auch vom Land getragen werden. Ich bestand darauf, dass seine Weisung unsachlich sei, allein schon deshalb, weil ein Vorgesetzter sein Weisungsrecht nicht einfach externen Personen übertragen könne und dies in der Geschäftseinteilung des Amtes nicht abgebildet sei. Zudem wurde das Weisungsrecht „generell" (also für sämtliche Geschäfte) den externen Mitgliedern des Finanzbeirates übertragen. Eine Weisung müsste jedoch konkret ausgestaltet sein.

Die externen Mitglieder im Finanzbeirat, denen gemäß der Richtlinien die Aufgabe zukommt, unverbindliche Empfehlungen über Strategien und Risiken abzugeben, wirkten nunmehr direkt auf die Auswahl der Produktabschlüsse ein, und das ohne überhaupt über eine Konzession und auch das nötige Know-How zu verfügen, um direkte Produktentscheidungen vornehmen zu können. Das Schlimmste dabei war, dass die externen Mitglieder des Finanzbeirates Empfehlungen zu Handelsstrategien abgaben, die zu einem finanziellen Schaden für das Land führten. Das war nicht nur meine persönliche Einschätzung. Es war das Ergebnis diverser Berechnungen und Analysen, die von mehreren Banken durchgeführt worden waren.

Mein Abteilungsleiter beharrte dennoch auf seiner Dienstanweisung. 25 bis 30 Mio. Euro höhere Zinsausgaben schätze er als unproblematisch ein, sofern dies nur der Empfehlung der externen Experten des Finanzbeirates entspräche und somit „weniger politische Probleme" zu erwarten wären.

Wie bereits erwähnt, wurde meine kritische Anmerkung aus dem Protokoll gestrichen.

Ich war verzweifelt, am Boden zerstört. Weshalb konnte ich meinen Abteilungsleiter nicht mehr überzeugen? In der Vergangenheit hatte er doch sehr wohl auch auf meine Einschätzungen Wert gelegt. Ich wusste, dass es schwierig werden würde, die Empfehlungen wieder umzudrehen. Aber ich musste es versuchen. Keinesfalls konnte ich mit diesen Vorgaben arbeiten. Das war ein Riesen-Dilemma.

Die budgetären Vorgaben stimmten immer weniger mit den neuen Empfehlungen des Finanzbeirates überein. Hofrat Dr. Paulus, in seiner Funktion als Vorsitzender des Finanzbeirates, stellte vor meinem Mitarbeiter und den externen Mitgliedern des Finanzbeirates klar, dass meine Vorschläge und meine Meinungen im Rahmen des Finanzbeirates irrelevant seien. Das traf mich hart. Es war auch gegen den Wortlaut der Richtlinien im Finanzmanagement.

Die diversen Weisungen und Vorgaben differierten immer stärker. Während im Budget des Landes keine Erhöhung der Zinsausgaben eingeplant war, führten die Empfehlungen des Finanzbeirates zu einer signifikanten **Kostenerhöhung, die budgetär nicht bedeckt war.** Die neuen Anweisungen verstießen damit gegen ein Landesgesetz, nämlich das Haushaltsgesetz. Offenbar war ich die einzige Person, die sich darüber Gedanken machte. Für meinen Abteilungsleiter und meinen

Kollegen war das kein Thema. Ich verstand die Welt nicht mehr.

Was mich ein wenig ablenkte, waren andere interne Aufgaben und Projekte, die Hilfestellungen im Budgetvollzug des Landes betrafen. Ansonsten wurde das Arbeiten immer frustrierender für mich. Da ich an meinem Arbeitsplatz kaum mehr Ansprechpartner hatte, tauschte ich mich darüber gelegentlich mit ein paar ausgewählten Freunden aus. Mit Freunden über die Arbeit zu sprechen, war vor allem in meinem Fall nicht ganz einfach, weil Details natürlich nicht an Dritte weitergegeben werden durften und in diesem fachlichen Segment nicht sehr viele Leute bewandert waren. Ich musste also für mich einen Weg der Kommunikation finden, der mir half, etwas Abstand zu gewinnen und die Dinge aus einer anderen Perspektive betrachten zu können, ohne selbst dabei zu viel preiszugeben. Mit einer engen Freundin unterhielt ich mich so vor allem über die zwischenmenschliche Komponente meines Berufslebens. Ich erzählte ihr von meinen Problemen mit Hofrat Dr. Paulus, von unserer mittlerweile miserablen Gesprächsbasis, von seinem mangelnden Verständnis, dem verlorengegangenen Vertrauen und von meinem Gefühl, von allen anderen Kollegen so gänzlich alleine gelassen zu sein. Ich vertraute ihr an, wie weh es mir tat, völlig ohnmächtig und mit offenen Augen zusehen zu müssen, was hier auf das Land zukam. Immerhin trug ich als Referatsleiterin die Verantwortung dafür. Meine Freundin riet mir, mir Unterstützung von außen zu holen, meinte aber auch, dass sich die Situation wohl wieder beruhigen werde und Hofrat Dr. Paulus über kurz oder lang auf meine schlagenden Argumente reagieren müsse. Leider hatte sie nicht Recht. In mir machte sich immer mehr ein bisher nie dagewesenes Gefühl von Ohnmacht und Hilflosigkeit breit.

Kurz darauf hatte ich ein dramatisches Erlebnis, das zwar nicht unmittelbar mit meinem Beruf zusammenhing, auf gewisse Weise aber doch die Situation, in der ich mich befand, widerspiegelte. Mein Hund Ronja, wurde von einem Rottweiler angefallen und beinahe totgebissen. Auch hier stand ich hilflos daneben und konnte nichts tun. Als andere Hilfsmaßnahmen nichts nutzten und ich intuitiv den Mut aufbrachte, in den Kampf einzugreifen, wurde ich an beiden Händen schwer verletzt. Meinem Hund konnte ich dadurch aber nicht helfen. Meine Hündin überlebte knapp. Dieses Erlebnis vermittelte mir – wenn auch auf einer ganz anderen Bühne – dieselbe fundamentale Erfahrung: Die Erfahrung von Ohnmacht und Hilflosigkeit. In dieser Form hatte ich sie noch nie empfunden, jetzt gehörte sie zu meinem beruflichen Alltag. Dasselbe Erlebnis mit Ronja, oder besser die Folgen davon, verhalf mir noch zu einer anderen, beunruhigenden Erkenntnis: Man begann an meinem Arbeitsplatz damit, Stimmung gegen mich zu machen. Das kam so: Die dringende ärztliche Versorgung von Ronja machte es mir unmöglich, an einem Freitag wie gewohnt schon in der Früh ins Büro zu kommen. Ich rief meine Sekretärin an und unterrichtete sie davon. Auf ihre Frage, ob sie das Hofrat Dr. Paulus mitteilen solle, antwortete ich, dass ich das selber tun würde. Kaum war ich beim Tierarzt angekommen, erreichte mich auf meinem Blackberry eine E-Mail von Hofrat Dr. Paulus mit folgendem Inhalt:

Liebe Frau Referatsleiterin! Ich habe versucht Dich im Büro zu erreichen und habe erfahren müssen, dass Du heute nicht ins Büro kommst (Anmerkung: Freitags haben wir nur bis Mittag Dienstzeit). *Ich erwarte, dass Du Abwesenheiten vom Dienst im Vorhinein mitteilst. Außerdem ist mir zu Ohren gekommen, dass Du das Besprechungszimmer der Finanzabteilung in Anspruch nimmst ohne dies im Vorhinein bei meiner Sekretärin anzumelden. Ich erwarte, dass Du Dich in Zukunft an meine Vorgaben hältst.*

Mit solchen Vorwürfen hatte ich mich bisher nicht auseinandersetzen müssen. Da stimmten die Relationen nicht mehr zusammen. Immerhin war nicht nur meine Hündin schwer verletzt, sondern ich selbst auch. Im Grunde hatte mich mein Arzt ja sogar für eine ganze Woche krankgeschrieben und jetzt musste ich mich wegen eines halben Vormittags rechtfertigen? Das Besprechungszimmer der Abteilung gelegentlich für dienstliche Termine zu nutzen, konnte doch keine Dienstpflichtverletzung sein? Mein Büro war für manche Besprechungen einfach zu klein und die Anzahl der Besprechungsteilnehmer kannte ich im Vorhinein nicht immer. Waren das nun die drängenden Probleme, mit denen sich der Abteilungsleiter auseinandersetzen musste? Ich verstand die Welt nicht mehr. Welches Spiel wurde hier eigentlich gespielt? Hatte Hofrat Dr. Paulus die unzähligen unbezahlten Überstunden vergessen, die ich bereitwillig gemacht hatte, wenn die Arbeit und der Abteilungsleiter es forderten? Und all die Urlaubsansprüche, die mir ungenutzt verfallen waren, weil die Arbeit keinen Urlaub zugelassen hatte? Mir war es anscheinend nicht erlaubt, einen halben Tag vom Dienst fern zu bleiben, ohne dafür gerügt zu werden. Wo blieb hier die Verhältnismäßigkeit?

Immer, wenn es um Finanzierungsfragen ging, hieß es: „Monika, das ist dein Problem!", oder: „Wie du das im Budget unterbringst, ist deine Sache!" Ich war allein dafür zuständig, für sämtliche Finanzierungen der immer neuen Projekte der Landesregierung, Lösungen zu finden. Und nun durfte ich dafür auf Anordnung von oben nicht einmal mehr das Besprechungszimmer nutzen? Hier stimmte doch etwas nicht. In einem ersten Impuls wollte ich Hofrat Dr. Paulus zurückschreiben, ob er wirklich keine dringenderen Probleme hätte, unterließ das dann aber. Ich wollte nicht noch mehr Zorn auf mich ziehen. Schließlich war er ja der Abteilungsleiter.

Eines wusste ich aber damals instinktiv sofort: Hier ging es um etwas ganz anderes. Auch wenn ich es zu diesem Zeitpunkt noch nicht genau artikulieren konnte, spürte ich doch ganz deutlich, dass sich hier etwas gegen mich zusammenbraute. Die Stimmung war umgeschlagen. Das war für mich auch daraus ersichtlich, dass dieses E-Mail nicht nur an mich gegangen war, sondern auch an meine beiden engsten Mitarbeiter, an meine Assistentin Christine und an Christian.

Ich ärgerte mich sehr, antwortete aber nicht auf die Nachricht.

Ronja starb eine Woche später.

Ein turbulenter Mai

Ende April 2012 kam es auf Wunsch einer Bank zu einer Sondersitzung des Finanzbeirates, in deren Verlauf die Strategien des Landes im Bereich des Finanzmanagements erörtert werden sollten. Anlässlich dieser Sitzung kamen die im März und April 2012 abgeschlossenen Ersatzgeschäfte im Zinsbereich (Range-Accruals[19]) zur Sprache. In dieser Sitzung wurde festgelegt, dass die ursprüngliche Empfehlung, die sich nur auf Neugeschäfte bezogen hatte, nunmehr auch Ersatzgeschäfte betreffen sollte. Ich versuchte mich dem zu widersetzen, drang mit meiner Argumentation jedoch erneut nicht durch. Es war wie ein Kampf gegen Windmühlen. Mein Kollege Christian sagte wie immer kein Wort. Er sagte nie etwas. Das war zu erwarten gewesen. Hier ging es allerdings nicht um einen kleinen Förderantrag, sondern um eine wichtige und essentielle Entscheidung, die die Zinskosten des Landes nachhaltig beeinflussen würde – und zwar in der Größenordnung von 16 Mio. Euro jährlich über insgesamt 170 Mio. Euro in den nächsten Jahren. Trotzdem kam keine Wortmeldung von ihm. Da die bestehenden Swaps laufend von Banken gekündigt wurden, bedeutete die neue Empfehlung: keine Ersatzgeschäfte mehr für die auslaufenden Swaps abschließen zu können, dass die finanziellen Folgen viel rascher, nämlich bereits innerhalb eines halben Jahres voll schlagend würden.

---

19 Die Beschreibung von „Range Accrual Swaps" als Variante eines Zinssatzswaps ist im Glossar im Detail ausgeführt.

Die mit der Umsetzung der Empfehlung des Finanzbeirates verbundenen höheren Fixzinsverpflichtungen interessierten nicht. Es interessierte niemanden. Anstatt einem Durchschnittszinssatz von 1,5% sollen wir jetzt freiwillig über 4% zahlen. Die Geschäfte zur Zinssatzreduktion sollten wegfallen.

Der Passus im Protokoll lautete wie folgt:

*„Nach längerer Diskussion wird vom Finanzbeirat klargestellt, dass sich die Empfehlung betreffend der **Vermeidung des Abschlusses von Range-Accruals nicht nur auf Neugeschäfte bezieht, sondern auch bestehende Geschäfte umfasst.*"*

Ich war gescheitert. Ich hatte nach der Geschäftseinteilung die Verantwortung für das Finanzmanagement und jetzt wäre ich verantwortlich dafür, dass der Zinsaufwand des Landes in einer Dimension anstieg, die wir in keiner mittelfristigen Finanzplanung einkalkuliert hatten und die auf Grund der aktuellen Zinsentwicklung nicht vertretbar war. Wie sollte das also weitergehen? Mir war damals schon klar, dass in letzter Konsequenz die höheren Zinskosten mir zur Last gelegt werden würden. Sicher würden es nicht Landeshauptmann-Stellvertreter Brenner oder der Abteilungsleiter sein, die dafür zur Verantwortung gezogen würden. Im Landtag würden sie fragen, weshalb der Zinsaufwand in einem solchen Maße angestiegen sei und diese Ausgaben im Budget nicht gedeckt seien? Sie würden fragen, welchen Zweck ein Finanzmanagement überhaupt hätte, wenn es einen Zinsaufwand erwirtschaftete, der höher war, als wenn gar nichts unternommen worden wäre. Die Aufgabe des Finanzmanagements oblag nach der Geschäftseinteilung mir, der Leiterin des Budgetreferates. Meine Vorgesetzten konnten mich zur Verantwortung ziehen. Also war ich gezwungen, alles zu unternehmen, um diese zusätzlichen, ins bodenlose ausufernden Belastungen für das Landesbudget zu vermeiden.

Es war meine Pflicht.

Wer sonst hätte das tun sollen? Ich sah bereits damals das Szenario wie in einem Film vor meinen Augen ablaufen. Im Nachhinein würde untersucht werden, ob ich auch wirklich alles versucht hätte, das Land vor den hohen Zinsen zu bewahren. In der jetzigen Situation hielt mein Abteilungsleiter die möglichen höheren Zinsausgaben von 30 Mio. Euro für kein Problem, wären sie dann Realität, sähe alles wohl ganz anders aus. Es bedurfte keiner prophetischen Ahnungen, um zu wissen, dass die hohen Zusatzbelastungen natürlich ein Problem darstellen würden, und in den Budgetplanungen für die nächsten Jahre gab es ja schließlich auch schlicht keine Vorsorge für in einem solchen Ausmaß ansteigende Zinskosten. Hinzu kamen die zusätzlichen Einsparungserfordernisse und Restriktionen aus der Schuldenbremse im neuen Stabilitätspakt.

Die Verantwortung für das Finanzmanagement an Dritte abzugeben, wie das meine Vorgesetzten erkennbar vorhatten, konnte nicht allein durch meine Vorgesetzten erfolgen. Es bedurfte dazu eines Beschlusses der Landesregierung und des Landtages. Solange die Aufgaben per Landesgesetz als Aufgaben der Finanzabteilung festgeschrieben waren, reichte dazu eine einfache generelle Dienstanweisung des Abteilungsleiters oder des Ressortchefs nicht aus. Dessen war ich mir sicher.

Diese Argumente interessierten damals niemanden. Es zerriss mich innerlich, und ich machte mir große Sorgen. Ich konnte kaum mehr schlafen. Allein der Gedanke daran, dass das Land in Zukunft nachhaltig mit so hohen Zinskosten konfrontiert werden würde, versetzte mich in Panik. Ich musste einen Ausweg finden. War ich wirklich die einzige, die sich für das finanzielle Wohl des Landes verantwortlich fühlte? Warum war das immer nur „mein Problem", wie ich ständig zu hören bekam? Es würde auch zu ihrem Problem werden, würden die Zinskosten schlagend werden, und in jedem Fall würde es zu einem Problem für das Land werden.

Ich ließ neue Analysen darüber erstellen, welche Auswirkung die Empfehlung in finanzieller und risikotechnischer Sicht für das Portfolio des Landes bedeuteten. Das Ergebnis wurde von einer Bank auch schriftlich wie folgt zusammengefasst:

„Die Range-Accruals wirken sowohl im Optimierungsportfolio (= Derivateportfolio) als auch im Gesamtportfolio (= Derivate und Schulden gemeinsam) nahezu perfekt risikomindernd. Die zukünftigen Zinszahlungen aus den Range-Accruals betragen rund 16-18 Mio. Euro. Bei einem Entfall der Range-Accruals erhöhen sich die künftigen Zinszahlungen des Landes um den genannten Betrag. "

Die Analyse zeigte daher nochmals eindeutig auf, dass die vom Finanzbeirat „verschmähten" Swaps das Risiko des Landes reduzierten und es wurde dabei auch der jährliche Zinskostenvorteil beziffert, der mit den Range Accrual Swaps verbunden ist.

Zur Erklärung: Ein großer Anteil der Verbindlichkeiten des Landes Salzburg und des Landeswohnbaufonds sind fix verzinslich. Der Abschluss von Fixzinsverpflichtungen erfolgte über Wunsch von LH-Stv. Brenner und auch über Empfehlung des Finanzbeirates. Die im Jahr 2007 erstellten Richtlinien des Landes sehen jedoch vor, dass Finanzierungen immer variabel eingegangen werden sollen. Die Fixzinsen haben einen Vorteil, den Vorteil der Berechenbarkeit der künftigen Zinsausgaben, sie haben aber auch viele Nachteile, etwa hohe Kosten und ein hohes Risiko (ausgedrückt in Form des *Value-at-Risk*, des Wertänderungsrisikos). Zudem kann es zu hohen Wertschwankungen kommen und das ist bei variablen Zinsen nicht möglich.

In der Realität ist es nun für das Land Salzburg so, dass die abgeschlossenen Fixzinsverpflichtungen mit über 220 Mio. Euro im Minus liegen. D.h. auf aktueller Basis würde das Land die finanziellen Verpflichtungen in fix verzinslicher Form mit einem wesentlich niedrigeren Zinssatz abschließen können, die Ersparnis beim neuen Fixzinssatz würde genau diese 220 Mio. Euro ergeben. Ein weiterer Aspekt war, dass die Fixzinsverpflichtungen zu einer hohen Auslastung des Risikolimits für Finanzierungen führten. Die Auslastung war teilweise über 100% gelegen. Dies war regelmäßig Gegenstand von Diskussionen im Finanzbeirat. Zur Risikoreduktion wurden dazu Zinssatzswaps abgeschlossen, die das Land in die Lage versetzten, einen fixen Zinssatz zu erhalten und einen variablen Zinssatz zu zahlen. Zu diesen Zinsswaps zählten auch die bereits erwähnten Range-Accruals.

Anfang Mai eröffnete mir meine Assistentin, dass sie wegen einer Knieoperation ab Ende September für zwei Monate ausfallen würde. Das traf mich hart. Sie war die „gute Seele" des Büros. Meine Kaffeepausen verbrachte ich regelmäßig mit ihr. Wir sprachen dabei nie über Dienstliches und gerade das machten die Pausen so angenehm. Ich gewann so Abstand zu den Dingen. Was mir besonders zu schaffen machte, war der von ihr geplante Zeitpunkt für den Krankenstand. Sie würde für die komplette Budgeterstellung ausfallen, und gerade dabei war sie mir immer eine besonders wertvolle Unterstützung gewesen. Ich konnte mir kaum vorstellen, auf ihre Arbeitskraft in dem Zeitraum zu verzichten. Der Mai fing ja schon gut an!

In den folgenden Tagen schlossen wir die Arbeiten zum Rechnungsabschluss für 2011 ab. Mit den zusätzlich erwirtschafteten Einsparungen im Finanzmanagement konnten diverse Mehrausgaben in mehreren Aufgabenbereichen des Landes – insbesondere im Bereich der Gesundheit und Krankenhäuser – abgedeckt werden. LH-Stv. Brenner verwies dabei immer auf seine große Leistung. Doch wie sollte das in Zukunft funktionieren, wenn die Zinsausgaben explodierten? Wie sollen die Ausgaben für Gesundheit, Soziales und Kindergärten finanziert werden? Daran dachte er zu dem Zeitpunkt scheinbar nicht.

Eine Dienstbesprechung bei Hofrat Dr. Paulus nutzte ich dazu, mich für die Landesbuchhaltung einzusetzen. Ich wollte verhindern, dass sie personell noch weiter ausgehungert wurde. Die Landesbuchhaltung hatte zu dem Zeitpunkt bereits überproportional viel Personal abgebaut. Daher konnten auch die Aufgaben nicht mehr vollständig wahrgenommen werden. Insgesamt litt das Betriebsklima stark, möglicherweise auch deshalb, weil andere Bereiche der Abteilung laufend weiter aufgebläht wurden, so zum Beispiel Bereiche für die Liegenschaften und das Baumanagement. Obwohl es in der Landesverwaltung eine eigene Bauabteilung gab, wurde nun innerhalb der Finanzabteilung eine separate Bauabteilung eingerichtet. Würden alle gleich behandelt, hätte ich die Personaleinsparung in der Landesbuchhaltung noch für vertretbar gehalten, nicht aber, wenn in einzelnen Bereichen laufend Aufstockungen erfolgten und bei anderen nur eingespart wurde. Nicht einmal Posten, die durch die Pensionierung von Mitarbeitern frei wurden, wurden in der Landesbuchhaltung nachbesetzt. Hofrat Dr. Paulus interessierte sich erfahrungsgemäß nicht für die Aufgaben der Landesbuchhaltung. Er kannte die Kolleginnen und Kollegen des Referates nicht einmal. Er fand es auch nicht der Mühe wert, sich intensiver mit den Aufgaben der Mitarbeiter der Landesbuchhaltung zu befassen. „Bevor ich in der Landesbuchhaltung eine Person ersetze, gebe ich lieber zusätzliches Personal in mein Baumanagement", hielt er mir entgegen. Vielleicht wäre es besser gewesen, ich hätte gar nichts gesagt. Zur Zeit reagierte er auf so gut wie alle meine Vorschläge ablehnend. Immer deutlicher spürte ich, und zwar auch bei ganz unbedeutenden Anlässen, dass die Stimmung umgeschlagen war – gegen mich. Ich hoffte, dass der Leiter der Landesbuchhaltung mehr Erfolg bei ihm hätte.

Im Mai fanden auch mehrere Redaktionskomitee-Sitzungen zum Stabilitätspakt statt und auch eine weitere Finanzreferenten-Konferenz[20]. Die Abschlussbesprechung mit dem Bundesministerium für Finanzen war ausständig. Die Beratungen dazu fanden in Graz statt, da das Land Steiermark den Vorsitz unter den Finanzreferenten hatte. Ich fuhr mit dem Auto nach Graz, mein Kollege Dr. Steinhäusler, fuhr mit mir mit. Unser Abteilungsleiter Hofrat Dr. Paulus und mein Kollege Christian waren auf Urlaub. Die Beratungen waren zäh und langwierig. Das Ergebnis war ein Kompromiss – wie üblich bei solchen Verhandlungen. Jedoch änderte sich nichts an den strikten Forderungen zur deutlichen Reduzierung der Neuverschuldung ab 2014 und der Erreichung einer Null-Netto-Neuverschuldung spätestens ab dem Jahr 2016. Für alles andere ließen auch die europäischen Vorgaben keinen Spielraum.

Und die Situation spitzte sich zu ...

Als Christian aus dem Urlaub zurückkehrte, stellte er fest, dass ich seine Unterschrift in eine Dokumentation hineinkopiert hatte. Wir unterhielten uns länger ausführlich darüber. Ich rechtfertigte mich und erklärte ihm, dass ich, da es sich um Geschäfte handelte, die alle schon früher und mit seinem Wissen abgeschlossen worden waren, kein Problem darin gesehen hätte. Er kannte deren Inhalt ohnehin. Zudem wäre ich unter Zeitdruck gestanden und er auf Urlaub gewesen. Und um Verträge habe es sich nicht gehandelt, lediglich um eine Dokumentation. Christian hörte sich meine Ausführungen an, war aber dennoch missgestimmt.

Wie üblich führten wir in diesem Mai auch diverse Gespräche mit verschiedenen Banken. Unsere Gesprächsbasis war immer hervorragend gewesen, immerhin kannten wir unsere Geschäftspartner schon seit Jahren. Christian war bei den

---

20 Unter Finanzreferenten-Konferenz versteht man die Konferenz aller Finanzreferenten (= für Finanzen zuständige Mitglieder der Landesregierungen) der Bundesländer.

Gesprächen nahezu immer anwesend, Hofrat Dr. Paulus beschränkte sich bei seinen Gesprächen meist auf die Mitglieder der Vorstandsebene. Er wollte sich mit „einfachen Bankmitarbeitern", wie er sagte, nicht abgeben. Er fand auch keine gemeinsame Wellenlänge mit ihnen. Uns ging es ähnlich auf der höheren Ebene. Manchmal schien es, als spräche man unterschiedliche Sprachen. Mit unseren unmittelbaren Geschäftspartnern verstanden wir uns jedoch ausgezeichnet und da wir eine konkrete Vorstellung von der künftigen Marktentwicklung und den Produkten, die wir abschließen wollten, hatten, diskutierten wir mit ihnen die verschiedenen Szenarien in der Marktentwicklung und den Einfluss, den sie auf unser Portfolio und auf einzelnen Produkte haben könnten. Die Gespräche waren wichtig, weil wir uns so stets über die möglichen Risiken und Konsequenzen austauschen konnten. Für die Banken war vor allem die Transparenz wichtig. Sie wussten, was wir taten, und das war auch gut so.

Als ich bei einer solche Gelegenheit einmal ein ausgelaufenes Geschäft wieder neu abschloss und via E-Mail eine Bank damit beauftragte, einen gekündigten Zinssatzswap wieder zu ersetzen, wies mich mein Kollege darauf hin, dass ich das jetzt nicht so ohne Weiteres mehr dürfe. „Du kennst doch die neue Empfehlung des Finanzbeirates", sagte Christian. Ich antwortete, dass er genauso gut wie ich wüsste, dass diese Empfehlung gänzlich unsachlich sei, weil ohne den Ersatz des Zinssatzswaps die Zinskosten des Landes und auch das Risiko im Portfolio des Landes steigen würde. Christian beharrte auf seinem Standpunkt, dass die Empfehlung aber nun einmal so lautete. Ich antwortete, dass wir in diesem Punkt noch einmal ausführlich mit Hofrat Dr. Paulus reden müssten, da die Empfehlung nicht nachvollziehbar und auch praktisch nicht durchführbar sei. Wir könnten die Zinsausgaben nicht einfach über ein Niveau steigen lassen, das im Landesvoranschlag nicht gedeckt war und wir könnten auch das Risiko nicht einfach erhöhen. Es gab einerseits nicht nur die Empfehlung des Finanzbeirates, sondern auf der anderen Seite auch die Budgetvorgaben, die wir einhalten mussten. Letztere waren von Gesetz her bindend. Auch die Anordnung von LH-Stv. Brenner, die Risiken zu reduzieren, musste berücksichtigt werden. Dieser Weisung würden wir widersprechen, wenn wir uns bedingungslos an die neuen Empfehlungen des Finanzbeirates halten würden. Ich versuchte, Christian zu beruhigen und versicherte ihm, unverzüglich mit dem Abteilungsleiter sprechen zu wollen. Ich war immer noch der Meinung, dass die Vernunft am Ende wohl siegen würde.

Unmittelbar nach unserem Gespräch versuchte ich, unseren Abteilungsleiter Hofrat Dr. Paulus telefonisch zu erreichen. Seine Sekretärin teilte mir kurz angebunden mit, dass er wohl erst am Nachmittag wieder ins Büro käme. In der Zwischenzeit erhielt ich die Geschäftsdetails für das Geschäft zur Risikoreduktion. Ein kurzer Gegencheck mit unserem Online-Abfragesystem und mit den Preisen einer anderen Bank ergab, dass der Preis gut war. Ich schloss das Geschäft ab. Christian beschwerte sich: „Monika! Was soll das? Du hättest noch warten sollen." Ich antwortete: „Jetzt kriegen wir einen guten Preis, wenn ich warte, bis ich endlich wieder einen Termin beim Abteilungsleiter bekomme, möglicherweise erst in ein paar Tagen, dann hat sich der Markt wieder gedreht. Du weißt, wie das ist. Aber ich verspreche dir, ich rede mit ihm. Er kommt am Nachmittag ins Büro. Wenn er darauf besteht, können wir das Geschäft auch wieder zumachen."

An diesem Tag hatte ich um 13 Uhr einen Termin mit einem Krankenhaus. Thema der Besprechung war die voraussichtlichen Abgangsentwicklung für 2012 und die Finanzierung von Investitionen. Ich hatte mein Blackberry mit und konnte so sehen, dass Christian inzwischen einen Bericht an unseren Abteilungsleiter geschrieben hatte, in dem er ihn davon unterrichtete, dass ich gegen die Empfehlung des Finanzbeirates gehandelt hatte. Ich wusste nicht, warum er das machte, da ich ihm ja versichert hatte, selbst mit dem Abteilungsleiter darüber reden zu wollen. Ich fand keine Erklärung dafür. Nach der Besprechung mit dem Krankenhaus ging ich zu Christian ins Büro: „Hättest Du nicht warten können?", fragte ich. Christian wollte an diesem Tag früher nach Hause gehen und daher das Kommen des Abteilungsleiters nicht abwarten. Ich musste mich ziemlich beherrschen, um darauf nichts mehr zu erwidern. Wie sollte ich den Abteilungsleiter jetzt noch umstimmen? Wütend und enttäuscht verließ ich das Büro.

Ein „unerlaubtes" Geschäft

Am nächsten Tag teilte mir meine Assistentin mit, dass sie einen früheren Operationstermin bekomme und nun doch zur Budgeterstellung voraussichtlich im Dienst sei. Das war immerhin eine gute Nachricht. Weniger erfreulich war, dass Christian schnurstracks zu Hofrat Dr. Paulus gegangen war, um ihm von dem Geschäft, das ich am Tag zuvor abgeschlossen hatte, zu erzählen. Man hörte mich nicht einmal an. Nein. Ich bekam eine E-Mail, in der stand, **ich solle diesen *„einzigartigen Vorfall"* mit den externen Mitgliedern des Finanzbeirates abklären und diese um Zustimmung ersuchen, andernfalls müsse das Geschäft rückgängig gemacht werden.** Der Abteilungsleiter schob seine Verantwortung also weiter auf Externe ab und fand es nicht einmal wert, mit mir zu reden. Er wusste genau, dass ich dem Land damit nicht geschadet hatte, sondern – im Gegenteil – einen Zinsvorteil von über 4 Mio. Euro sichern wollte und das Risiko reduziert hatte. Ich verstand weder seine Entscheidungsschwäche noch seine Taktik.

Ich setzte in der Folge eine E-Mail an die Mitglieder des Finanzbeirates auf und schilderte ihnen zuerst einmal die Ausgangslage.

De facto war es so, dass das Risikolimit für Fixzinsen erheblich überschritten war und dass ohne den Ersatz des ausgelaufenen Geschäftes das Risiko weiter angestiegen wäre. Darüber hinaus wies ich darauf hin, dass es bei dem auslaufenden Geschäft konkret darum gegangen war, eine Bundesanleihe mit einer fixen Verzinsung von 4,8% in variabel mit einem Geldmarktzinssatz von 0,6% zu drehen. Das Land Salzburg würde im Endergebnis anstatt 4,8% nur 0,6% zahlen. Die vorgeschlagenen „neuen" Empfehlungen des Finanzbeirates würden uns derzeit dazu anhalten entweder gar nichts zu tun, sodass das Land anstatt 0,6% auf die nächsten 12 Jahre fix 4,8% zahlen müsste oder einen Zinsswap abzuschließen, der uns auf der Fixzinsempfängerseite für die besagte Laufzeit anstatt 4,8% nur 1,7% zahlen würde. Es sei daher aus Sicht des Risiko-Return-Profils nicht vertretbar, die Empfehlungen des Finanzbeirates in diesem konkreten Fall umzusetzen. Damit das Land den Zinssatz von 4,8% mit einem neuen Swap annähernd finanzieren könne und nicht mit den hohen Zinskosten von 4,8% belastet wird, sei der Abschluss eines Zinsswaps in der Ausgestaltung eines Range-Accrual sinnvoll und zweckmäßig. Dieser wäre mit den im konkreten Fall festgelegten Bedingungen vom Risiko her zudem wesentlich geringer als die alternativen Empfehlungen des Finanzbeirates.

Meine Markteinschätzung seit dem Jahr 2008, die besagte, dass die Krise im Hinblick auf die Staatsschuldenkrise weiter andauern werde, die variablen Zinsen tief bleiben und der Euro-Wirtschaftsraum im Vergleich zu anderen Regionen der Welt immer weiter an Boden verlieren werde, ist genauso eingetreten wie erwartet. Die populistischen Entscheidungen der Politiker zünden die Krise teilweise immer wieder an – anstatt etwa Griechenland wirklich zu helfen, werden Maßnahmen wie ein Schuldenschnitt umgesetzt, der postwendend andere Länder in den Strudel reißen muss –, weil sie wenig Verständnis für die Reaktionen des Marktes und für Investoren haben. Was tun eigentlich die politischen Berater? Die Fachkompetenz diverser Berater der führenden Politiker ist offenkundig in Frage zu stellen. In Österreich und Deutschland glaubt man, dass uns die Krise nicht berührt – dabei sind wir mittendrin. Es wäre Sache der Spanier und der Italiener gewesen, auf die Gefahren eines Feuerbrandes hinzuweisen und den Ausverkauf Griechenlands zu verhindern. Sie sind nämlich die nächsten. Die Folgen eines Auseinanderbrechens von Europa will sich niemand vorstellen. Im Kreis der Experten überwiegen die Theoretiker, die mit der Praxis keine Erfahrung haben und Reaktionen von Märkten auch nicht einschätzen können. Dabei reagiert der Markt zumeist sehr nachvollziehbar und logisch. „Experte" ist zu meinem persönlichen Unwort geworden.

Immerhin meldete sich am Folgetag einer der „Experten" unseres Finanzbeirates und stellte fest, dass in diesem Einzelfall der vorgeschlagenen Verlängerung des Geschäftes (Range-Accrual) zugestimmt werde, da es keine bessere Alternative gäbe. Wunder passieren! Jetzt hatte ich es auch schwarz auf weiß, dass die von ihnen vorgebrachten Empfehlungen unrichtig und nicht zum Wohl des Landes waren. Das war gut. Das war sogar sehr gut!
Auch Christian war erleichtert.

Ende Mai hatten wir noch eine Sitzung des Finanzbeirates. Diesmal in Frankfurt, denn die Sitzung sollte in den Büroräumlichkeiten eines Geschäftspartners stattfinden. Bei dieser Gelegenheit wollten wir auch noch andere Geschäftspartner besuchen. Hofrat Dr. Paulus wollte über ein Reisebüro buchen. Ich wies seine Sekretärin darauf hin, dass im Internet die billigsten Flüge und Hotels mit großen Preisnachlässen am besten zu finden seien und erklärte mich bereit, für uns drei (Hofrat Dr. Paulus, Christian und mich) zu buchen. Meine Hotelvorschläge fanden aber nicht die Zustimmung von Hofrat Dr. Paulus. Er wollte unbedingt in demselben Hotel übernachten, in dem er und LH-Stv. Brenner im Jänner 2012 abgestiegen waren. Die Zimmerpreise fand ich unverschämt. Auch für ein Mitglied des Finanzbeirates buchte und zahlte ich das Hotel. Ich hielt es nicht für vertretbar, auf einer Dienstreise so teuer auf Kosten des Landes zu übernachten und schämte mich, dass ich den Abteilungsleiter nicht überreden hatte können, sich mit einem billigeren Hotel zufriedenzugeben. Die Kosten für den externen Berater im Finanzbeirat hatte ich nicht dem Land verrechnet. Das hätte ich mit meinem Gewissen nicht vereinbaren können.

Die Sitzung des Finanzbeirates an diesem 24. Mai 2012 verlief nicht in meinem Sinn, ganz und gar nicht. Nachstehend die Zusammenfassung im Protokoll, welches von mir verfasst wurde und an dieser Stelle auszugsweise widergegeben wird:

„Das Risiko aus den reinen Finanzierungen beträgt nun bereits über 145 Mio. €. Das VaR-Limit ist damit bereits um mehr als 10% überschritten und beträgt derzeit 111%. Die Ausrichtung des Optimierungsportfolios ist nicht mehr gegengleich zu den Grundgeschäften ausgerichtet, wie das in der Vergangenheit der Fall war, sondern hat die Richtung gewechselt. Dies ist auf die Kündigung von Swaps (Range Accruals) zurückzuführen, die nicht mehr ersetzt wurden. Neben der Risikoerhöhung hat das für das Land extrem nachteilige Auswirkungen auf die zukünftig erwarteten Cashflows (= Zinszahlungen). Ohne Gegensteuerung wird sowohl das Risiko des Landes weiter ansteigen als auch die zukünftigen Zahlungen zum finanziellen Schaden des Landes weiter negativ entwickeln."

Die Empfehlungen des Finanzbeirates:
„Die Verschiebung einer Kündigungsfrist bei einem Range Accrual wurde zwar – bezogen auf den Einzelfall – genehmigt, grundsätzlich gilt weiterhin die Empfehlung, dass nur folgende Produkte abgeschlossen werden sollen:
– Plain-Vanilla-Swaps